m o n a d s h i n s h o

モナド新書 012

ネット右翼vs.反差別カウンター

愛国とは日本の負の歴史を背負うことだ！

山口祐二郎

にんげん出版

m o n a d s h i n s h o

った。右翼の街宣車から大音量で罵倒され、襲撃されて負傷もした。

桂田智司による朝鮮総連銃撃は、そんな矢先におきたテロ事件だった。

桂田には懲役7年の実刑判決が下されたが、その裁判中にかれは、38年間の右翼活動に終止符をうち、引退宣言した。

しかし、桂田がこれまで傷つけてきた在日コリアンへの謝罪は、かれの口からひと言もなされなかった。

右翼界の象徴的存在であった桂田智司の行きついた場所は、排外主義の墓場だったのである。

いっぽう、在特会元会長の桜井誠は「日本第一党」を結成して党首に就任、自治体選挙で当選者をだし、政界進出をもくろむ。差別・排外主義者が議員をめざしているわけである。


「本物の右翼は差別なんてしないんだ」

いまは亡き、兄弟分の反差別武闘派集団・男組《おとこぐみ》組長の高橋直輝*の叫びが聞こえる。

高橋は悪事にも手を染めてきたことのある男だった。それでもかれは、ヘイトスピーチをする右翼街宣車に敢然と立ちむかっていた。

矛盾しているといわれるかもしれないが、高橋が、身命を賭して差別・排外主義者と闘った事実は、だれにも否定できない。

そういう私も、高橋とさしてかわらない、脛《すね》に傷をもつ前科者だ。

けれどもたった一つ、私のようなクズでもわかることがある。

人権問題の根幹には差別がある。高邁《こうまい》な講釈や理屈はいらない。

いま、目の前にヘイトスピーチをする差別者がいれば、義を抱いて闘うのみだ。

＊レイシストをしばき隊　在特会らの差別的蛮行、ヘイトデモを止めるため、街頭で身体を張って、直接カウンターするグループを新大久保で始動。２０１３年2月結成。隊長・野間易通。

＊男組　反差別武闘派集団。２０１３年5月結成。組長・高橋直輝。ヘイトデモ隊を守る右翼にも激しい超圧力をかけ続ける。１７年5月解散。組長・高橋直輝は憂国我道会の副会長も務めた。

＊C・R・A・C　対レイシスト行動集団 Counter Racist Action Collective の略。旧しばき隊を発展的に解消して引き継ぐ。２０１３年10月に結成。

＊**憂国我道会**　世と人を想う右翼と左翼が共闘する、我の道の集団＝「我道会」として2012年3月結成。会長・山口祐二郎。14年「憂国我道会」に改称。おもに米国従属体制脱却、戦争の負の反省、反差別の3点を掲げて活動。

＊**ヘイトクライム**　人種、宗教、民族、性的指向、障害などを理由とした差別的憎悪感情にもとづく物理的攻撃。ヘイトスピーチとのちがいは「煽動」か「実行」かにある。ヘイトクライムの延長に、ジェノサイド（大量虐殺）がある。アメリカでは2009年「ヘイトクライム禁止法」が改正制定されている。

＊**人種差別撤廃条約**　「あらゆる形態の人種差別の撤廃に関する国際条約」。1965年に国連で採択。日本は1995年に批准。

＊**高橋直輝**　1973年埼玉県出身。本名・添田充啓。2013年、反差別カウンター集団「男組」を結成、ヘイトデモ隊を圧する実力行動の激しさで差別者から怖れられた。2016年、沖縄米軍基地反対闘争で逮捕、199日間拘留。2018年、45歳で没する。

1章　ネット右翼の台頭

在特会のデモ隊列

いま、既存右翼はなにをしているのか

「右翼って、なにしてるんですか?」

よくきかれる質問だ。

おそらく、世間の人が右翼ときいて抱くイメージは、決してよくはないだろう。ヤクザの隠れみの、暴力と恐怖で言論封殺する戦争讃美の軍国主義者、ヘイトスピーチをまき散らす排外主義者のように思われている。

しかしいま、極右政権と揶揄《やゆ》される安倍政権のもとで、日本社会全体が右翼化しているのではないだろうか。憲政史上1位の長期政権となる安倍総理は、中国、北朝鮮の脅威を煽《あお》り、アメリカのために憲法9条を改正し、戦争のできる国づくりへと、つきすすんでいる。

本屋にいけば、安倍総理を讃美する言論人の反中・嫌韓本が、ヤマと積まれている。

居酒屋にいけば、「在日は日本が嫌いなら出て行けばいい」とのヘイトスピーチが聞こえてくる。

安倍政権はなにをしてきたのか？　自衛隊を米軍の傭兵化する安保法制、沖縄の民意をないがしろにした辺野古《へのこ》新基地建設の強行。慰安婦・徴用工問題で韓国と対立し、関係悪化。北朝鮮には圧力政策をつづけたあげく、拉致《らち》問題はなんら進展せずだ。

親米・反共右翼が戦後右翼の主流に

現代日本の右翼は、なにをしているのか。

まず、戦後右翼の歴史をざっとみておきたい。

日本には戦前から多くの右翼団体が存在した。「血盟団事件*」、「五・一五事件*」、「二・二六事件*」など政財界の要人を暗殺し、「昭和維新*」を実現するため、まい進してきた。天皇陛下の大御心《おおみごころ》に照らされた国家を理念とし、暗殺テロをおこした背景には、軍部の派閥争いや暴走もあるが、根底には民衆の生活困窮があった。

1929年、ニューヨークの株価暴落に端を発し、世界大恐慌がおきた。

当然、日本も巻きこまれた。

世界恐慌と同時期におこなった金解禁などの経済政策の失敗により、株価は大暴落。昭和恐慌がおそった。農村は窮乏、企業の倒産があいつぎ、失業者がまちにあふれた。

血盟団事件、五・一五事件、二・二六事件は、戦前右翼が実行した三大テロ事件だが、その背景には、政治家や財閥《ざいばつ》などブルジョア階級に天誅《てんちゅう》をくわえ、貧困に苦しむ民を救うという思想があった。

だが1945年、第二次世界大戦で敗戦、GHQ（連合国軍最高司令官総司令部）は、200あまりの右翼団体に解散命令をだす。

さらに、軍国主義を煽り、戦争協力をおこなった者、翼賛《よくさん》議員をふくめて数万人の右翼活動家が、公職から追放された。

右翼は壊滅《かいめつ》寸前においこまれた。

ところが、ふたたび右翼は息を吹きかえすことになる。

皮肉なことにアメリカの意図によって。

アメリカと世界を二分したソビエト連邦（ソ連）を盟主とする共産主義勢力との冷戦下で、日本国内においても社会主義運動が盛んになっていた。

危機感をつのらせたアメリカは、共産主義勢力をつぶす「反共」の防波堤として、日本の右翼を利用しようとしたのである。

1950年、GHQは公職追放令を解除、これによって右翼は、国家権力を補完する勢

ネット右翼の台頭——ネット空間から街頭へ

インターネット上の「2ちゃんねる」(1999年開設)の掲示版に、匿名で書き込みをする「ネット右翼」が話題になったのは、2000年代に入ってからだった。

匿名をいいことに、「シナ人は出て行け」「チョンは消えろ」などの差別煽動をネット上でおこなっていたかれらは、ほどなくして、リアル世界に出現する。

そのきっかけとなったのが、放送局「チャンネル桜」だ。

2004年に開設されたチャンネル桜は、スカイパーフェクTVや衛星放送、インターネットで視聴できる。正式名称は「日本文化チャンネル桜」。

中心人物は、取締役社長の水島総《さとる》。コワモテでもアウトロー風でもなく、どう見てもそこらにいる一般市民だが、ゴリゴリの右翼より好戦的で、いさましく中国や韓国を非難する。

チャンネル桜を利用して、全国で政治活動をはじめたのが、「頑張れ日本！ 全国行動委員会」(以下、頑張れ日本)だ。「草莽崛起《そうもうくっき》」をスローガンとし、元自衛隊航空幕僚長の田《た》母神俊雄《もがみとしお》、水島総らを中心に、2010年に結成された。

ちなみに田母神は、過去の日本の戦争行為を侵略ではなかったと主張、政府見解と異なるなどの理由で、航空幕僚長の職を解かれた人物である。

「頑張れ日本」は、街頭デモでかなりの動員力を誇るようになる。2010年の「中国の尖閣諸島侵略糾弾！　全国国民統一行動デモ」には、3000人近い参加者がいた。集まるのは、どこにもいそうな中高年の男女。その一人ひとりが日の丸の旗をもち、中国や韓国との戦争も辞さないと叫び、憲法改正や核武装をうったえる。

話題を集めたのは、お台場のフジテレビ本社前のデモだ。

2011年、フジテレビの番組構成が韓流に偏向していると抗議、インターネットの呼びかけで集まった参加者は、初回数百人。開催のたびにふえ、数千人規模にふくれあがった。（このフジテレビデモには現在文筆家として活動する古谷経衡《ふるやつねひら》もかかわっていた。）

なぜ、これほど大勢の人々が、フジテレビ前のデモ行動に参加したのだろうか。

街頭演説やデモに参加するのは、それなりに勇気がいる。

それをのりこえさせたものは、なんだったのだろうか。

この問いをいい換えるなら、日本社会に排外主義的空気が大きく拡がってきたのはなぜか？ということになるだろう。

在特会の誕生

日本でヘイトスピーチ（差別的憎悪煽動）をする代表的団体といえば、2006年に結成された「在日特権を許さない市民の会」（在特会）である。

会員数は公称1万人以上で、売り文句は「日本最大の市民団体」だ。

在特会会長の桜井誠（本名・高田誠）は、チャンネル桜にも出演、在日コリアンにたいする激しい差別心をアピールしていた。

「チョン死ね！」

「朝鮮人は出て行け！」

街頭演説やデモで在日コリアンへのヘイトスピーチをくり返す在特会の活動趣意は、日本に暮らす在日コリアンが「特権をもっている」と主張するところにある。「在日コリアンは税金を払っていない」「生活保護の受給者はほとんど在日コリアン」であり、かれらの優遇措置のために、日本人の税金が使われ、日本人の権利がないがしろにされているという。

まったくのデマであり、じっさいには生活保護受給者の97パーセントが日本人で、不正受給者の大半が日本人である。

「在日特権」など存在しない。

そのことは、野《の》間《ま》易通《やすみち》*『「在日特権」の虚構』、安田浩一*『ネットと愛国』のなかで完全に明らかにされているので、お読みいただければと思うが、問題は、すこし調べればデマだとわかるにもかかわらず、「在日特権」というウソが、都市伝説のように拡がっていることだ。

＊野間易通　フリー編集者。2013年「レイシストをしばき隊」結成。現在、対レイシスト行動集団C・R・A・Cを主宰。著書に『「在日特権」の虚構　増補版』『実録・レイシストをしばき隊』（共に河出書房新社）、3・11以後にはじまった社会運動をめぐる『3・11後の叛乱 反原連・しばき隊・SEALDs』（笠井潔との共著、集英社新書）がある。

＊安田浩一　ジャーナリスト。在特会会員らを克明に取材したルポルタージュ『ネットと愛国　在特会の「闇」を追いかけて』（講談社）で講談社ノンフィクション賞を受賞。

フィリピン人一家への攻撃

在特会が世間にしられるきっかけは、いわゆる「フィリピン人一家事件」である。東京入国管理局は、偽造旅券で入国していたとして、ながく日本で暮らしているフィリピン人一家の両親に帰国を命じた。在留許可が決定した中学生の子ども一人を残して両親は帰国しなければならない。マスコミは悲劇の事件として報道し、同情する世論も多かった。

しかし、在特会は2009年4月、一家の住む埼玉県蕨市におしかけた。100人ほどが、一家の自宅前や子どもが通う中学校前で、排斥デモをおこなった。

「○○一家は犯罪者!」

拡声器をつかい、爆音で叫ぶ。「○○不要」と一家の名前を書いたプラカードがかかげられた。

これに抗議した人が逮捕される事態もおき、排斥デモの動画はネットで拡散され、閲覧された。

在特会の会員数がふくれあがっていった背景には、インターネットを巧みに利用したことがある。ネットの申込フォームに登録するだけで、入会できる。名前は仮名でOK、電話番号も記さなくていい。街頭デモにでてこられない会員が多いことはたしかだが、それでも、既存の右翼活動とはケタ違いの動員力があった。

そのうえ活動参加などのノルマがない。うるさい決まりもないし、会費もいらない。他団体との掛けもち会員でもＯＫ。破門や除名もない。

在特会がかかげるねらいは、実にシンプルだ。

排外主義の一点につきるといっていい。

攻撃対象は、在日コリアンをはじめとする外国人。在特会は右翼活動に入る敷居を低くし、攻撃対象をわかりやすくしたのだ。

最大の特徴は、インターネットの活用だろう。アナログな既存の右翼団体とちがい、ホームページに力を入れ、活動予定を大々的に告知する。活動の模様をビデオ撮影し、動画を「YouTube（ユーチューブ）」や「ニコニコ動画」で配信する。

どんな活動をしているのかわからない右翼団体がほとんどのなかで、在特会の活動は、インターネット上で多くの人々に閲覧されるようになったのである。

話題となっていく在特会の存在を、既存の右翼団体はどうみていたか。

結論をさきにいえば、批判は皆無だった。

「右翼の品格にあらず」

「口先だけで、じっさいに朝鮮人を叩き出す覚悟はない」

否定的な意見はあっても、在特会の差別・排外主義を衝《つ》く右翼は、まったくいなかった。

その結果、なにがおきたか。

既存の右翼団体に所属する者たちが、在特会に可能性を見いだしたのである。

シフトチェンジする既存右翼活動家

右翼活動に限界を感じ、葛藤していた者たちが、在特会に希望をいだき、参加していった。

かつて、統一戦線義勇軍の創設メンバーだった瀬戸弘幸《せとひろゆき》(現在「日本第一党」最高顧問)、おなじく幹部だった鈴木信行(現在「日本国民党」代表)、さらに、統一戦線義勇軍の活動に参加していた金友隆幸《かねともたかゆき》(現在「日本国民党」情報宣伝委員長)などが、在特会などの排外主義集団と、行動をともにしていった。

既存の右翼団体につよい影響力をもつかれらは、在特会会員からヒーロー扱いされ、そ

2章 カウンター登場

秋葉原にレイシストはいらない！　反差別美少女キャラで対抗

「レイシストをしばき隊」誕生前夜　反差別カウンターの原点

ＯｏＡとナショナルフロント

反差別カウンターの代表的存在として、真っ先にあげられるのは、「レイシストをしばき隊」や、それを発展的に引き継いだ「C・R・A・C（クラック）」だろう。

「レイシストをしばき隊」（以下、しばき隊）は、２０１３年2月、野間易通を中心に結成され、新大久保でレイシストたちと対峙し、「お散歩」と称して、かれらがコリアンタウンの店を襲撃するのを阻止した。

じつは、しばき隊が結成される以前から、反差別カウンター行動をする人たちがいた。その名は「Otaku Of Antifa!（オタク　オブ　アンティファ）」略して「ＯｏＡ」。

在特会が２００９年にフィリピン人一家排斥デモをおこなったさいも、ＯｏＡは、在特会のヘイトデモ隊より圧倒的に少ない人数ながら、現場で身を挺してカウンターを展開していた。

ＯｏＡは、オタク系反レイシズムカウンターの可能性を模索すると宣言した「オタク的セカイ系」のカウンター集団だ。リーダーの柳橋未詩緒は、ＳＮＳ（ソーシャル・ネットワーキング・サービス）の主流が「ｍｉｘｉ（ミクシィ）」だったころに、社会運動をはじめたという。

ミクシィ内部で「在特会を許さない市民の会」というコミュニティが起ちあがっていて、かねてから嫌韓や在特会につよい怒りを感じていた柳橋は、すぐにコミュニティに入る。さまざまな人とつながり、そこから街頭にでて、在特会にカウンターをしかけるようになった。

反差別美少女キャラで対抗――「秋葉原にレイシストはいらない」

当時、オタクとネトウヨは親和性が高いと思われていた。

在特会を率いた桜井誠のルックスが、見るからにオタク風だったことも関係しているかもしれない。

じっさい、オタクの聖地といわれる秋葉原で、在特会は、２００９年「９・27外国人参政権断固反対！　東京・秋葉原デモ」を参加者４００人で開催している。

このヘイトデモに抗議して「排外主義断固反対」のプラカードをかかげた一人の男性を、ヘイトデモ隊がとりかこみ、集団殴打する事件もおきていた。

秋葉原がヘイトデモで汚されていくなか、OoAは「あんちふぁたん」なる反差別美少女キャラを創りだし、「秋葉原にレイシストはいらない」と題したフライヤーを配布。「オタク　アゲインスト　レイシズム」を大々的に打ちだし、レイシストと闘うオタクがいることをアピールした。

在特会のヘイトデモがはじまる前に差別反対のビラを配り、ヘイトデモがはじまれば、デモ隊に並走して抗議する。

OoAの活動は、現在の反差別カウンター行動の原点ともいうべきものである。

さらにもう一つ、野間易通や私が少なからずかかわっていた反差別カウンター集団があった。

右翼団体「ナショナルフロント」である。

頭首(ヘッド)の笠哲哉《りゅう》とコマンダー(実力行動担当)の室岡徹郎を中心に結成された組織だ。

笠哲哉は、いくつもの右翼団体とかかわりをもっていたが、一匹狼の行動派。そんな経緯もあり、ナショナルフロントは、右翼色を前面に押しだして活動するようになる。

「公家」を自称する笠哲哉は、黒ずくめのスーツ姿で、紙幣を燃やして葉巻に火をつけながらキャバクラで遊びまくる成金。もう一人の室岡徹郎は、凶器のような顔と筋骨隆々の体躯で、いつも笠哲哉と酒をあおっていた。「良識ある市民」目線からは、どう見ても笠と室岡はハチャメチャの、うさんくさい人間といわれるだろう。

ナショナルフロントの反差別カウンター始動は、2010年1月24日だった。

新宿スプレー事件

その日、新宿で、在特会500名による大規模なヘイトデモが開催された。

「1・24　在特会臨時大会&外国人参政権断固反対！　国民大行進in新宿」である。

ナショナルフロントは、大人数のヘイトデモを監視しながら、並走していた。

「韓国人を叩き出せ！」

「シナ人は日本から出て行け！」

新宿の街に、拡声器ごしの大音量でヘイトスピーチが飛びかう。

車道をデモ行進する在特会と、歩道からにらみをきかすナショナルフロントの双方が、威嚇《いかく》しあう。

だが、警察の許可をとっているヘイトデモに突っ込めば、逮捕されてしまう。

そのとき、在特会にカウンターをする一人の少年がいた。

在特会のターゲットはいつも弱者である。

少年は格好の標的となった。

「バカチョンは撃ち殺せ！」

ヘイトデモ参加者が少年につかみかかる。少年は、もっていた催涙スプレーを噴射して反撃。

激高したヘイトデモ隊が、いっせいに少年に襲いかかった。

「やめろ！」

ナショナルフロントの笠哲哉と室岡徹郎は、みずから盾《たて》となって、暴行されている少年をかばった。もみ合いのなか、催涙スプレーを噴射した少年は警察に連行され、逮捕されてしまった。

その後、この少年に在特会がとった報復は、陰湿極まりないものだった。少年の身元を調べあげ、通っている学校を割りだしてネット上にさらした。少年は、日本国籍であるが

「そんな話を聞きにきたわけじゃない！」

在特会に反対する人間からすれば、黒田の活動話などに興味はないし、ききたくもない。

拍手喝采がおき、会場が湧く。

ここでやっと桜井誠が口をひらいた。

「本当に品がない連中でしょ！」

この挑発に、在特会に反対する側は激怒、桜井にヤジが浴びせられる。

すると、桜井が壇上でマイクをもち、シュプレヒコールをはじめた。

「左翼を叩き出せ！　ゴキブリ左翼を叩き出せ！　帰れ！　帰れ！」

客席では激しい言い争いがおこり、あらゆる場所から怒鳴り声がきこえる。

混乱をおさえるために、針谷大輔が壇上に上がり、マイクをもつ。

「熱くなるのはいいんだけど、ここに来る前に弁護士の方に相談していて、ゴキブリというのは特定した人に言ったら犯罪です。勝てますから。訴えたきゃ用意しますから。他の人も話を聞きたいんだから、ある程度話をしてからやったほうがいいと思います」

これには桜井誠も押し黙るしかなかった。

ここで一人の男が口をひらいた。一水会顧問の鈴木邦男だ。

「鈴木邦男です。自分の気にくわない意見だからって人間をゴキブリとか蛆虫《うじむし》だとか言わないですよ。どんなに悔しくてもです。僕は言わないよ」

拍手が湧く。鈴木の発言で客席がざわめく。ヒートアップする傍聴者たち。

「もうみんな、上がっちゃいなよ」

鈴木邦男が叫ぶ。会場は拍手喝采となる。

「針谷君、上がっちゃいなよ！　みんな騙されたと思っているんだから！　右翼vs.ウヨクでやれよ！　誰も出版記念イベントだと思って来てないんだから！」

会場は大荒れだ。

鈴木邦男が壇上に乱入する。

「暴力行為に及んだお客様が出た場合、退場処分にさせて頂きます。そしてイベントを終了とさせてもらいますので宜しくお願いいたします」

警告アナウンスが流れる。

「おい、鈴木邦男、お前は右翼じゃねえからな！」

在特会側の客席から、鈴木への罵倒が飛んだ。

これをきいて、針谷大輔がぶち切れた。

「鈴木さんに失礼な口を聞くんじゃない！　俺にケンカ売ってんのか！」

「これで第一部を終了します。休憩入ります！　ステージの電気落として！　続きは第二部で！」

こうして、第一部は大荒れで終了したが、客席では罵声が飛びかい揉み合いがおきていた。

第二部開始。針谷大輔と志村馨が登壇。右翼活動をはじめた理由や経歴を語る。さっきまでの騒乱からうって変わって、奇妙なぐらい静かで、完全に盛り上がりに欠けていた。

「右翼は差別をしない」

終盤で針谷大輔はそういった。野村秋介が在日コリアンを守ったエピソードなどを話すが、在特会の排外主義的活動については、厳しく批判せずに終わった。

そして、メインイベントの第三部。針谷大輔、志村馨、桜井誠、黒田大輔の４人全員が登壇し、司会者が質問する。

「一部と二部では全然話が違ったんですが。日本の右翼運動、皆さん右翼活動家ですね。旧来の右翼とはなにが違い、なにを変えようとしているか。そこをお聞かせ願えたらと思います」

まず話しはじめたのは、桜井誠だ。

「右翼、民族派から保守まで含めて、やり方がね、間違っていたのではないかと、その出発点からきてるんですね。じゃあ、どうすりゃいいんだと。時代は変わっていくわけですから。基本的に運動というのは、自分たちの主義主張をより多くの人たちに広げていくというのが基本だと思うんですよ。過去と今、それはどう違うかといったら、ネットを使う。ネットを使うことによって一気に拡大していく」

「そうだ！」

在特会側の客席から賛同の声があがり、桜井は得意満面の表情でつづける。

「今と昔と、なにが違うか。ただツールが違うんだと。使う道具が違う、武器が違う。根本は一緒なんだと私は思います」

つぎに針谷大輔が答える。

「根本が違うと思います。今のを聞いて、ちょっと違うなと思います。何かといったら、さっき野村先生の話があったけれど、俺たちは最後、死があるわけですから。何かやったら、死があるかもしれない。パクられるかもしれない。そのラインでやっていて、人をふやそうと思って物事やってない。うちは今でも大衆運動やってないわけですから」

針谷は、そこから右翼が起こしたテロ事件の話をした。

「そんなの聞きたかねえよ！」

客席の在特会参加者から野次が飛ぶ。

つづいて黒田大輔。

「正直ね、私はお二人とも、まったく存知あげてなかったんですよ」

黒田は、針谷大輔と志村馨を挑発する。

「私はね、日本を護る市民の会としては、現在現れている事象の中で、おかしいと思ったものにはすぐに行こうじゃないかというのが基本であって。思想がないと言われればないんですけど、そういう人間で、身体で言えば白血球のようなものであって、何かあったらそういうものがあっていいかなと思ってやっているんで」

最後に、志村馨が話す。

「初めてお会いしまして。それこそ自分たちの生活しか考えてないような平和ボケした日本人よりはね、今日は、こうした問題提起をして少しでも行動を起こしていることには敬意を表したいと思います。といって決して、偏狭なナショナリズムだとか、そういうものにならないように」

登壇者全員の話が終わり、客席からの質問をうける。テロについての質問だった。

「1人でね。国会議事堂に突っ込んでもね、世の中全然なにも変わらないですよ。まず、10万人を集めてから、それから突っ込めば世の中変わります。1人でね、そんな突っ込んでも自己満足。ようするにオナニーですよ。だから、1人で突っ込むんじゃ駄目。10万人は抱えてください。10万人の組織を作ってから突っ込んでください」

会場がざわつく。新右翼が野村秋介から受け継いで実践してきた実力行動は、いとも簡単に在特会側から否定された。

新右翼は在特会のヘイトスピーチを糾弾することなく、有意義な議論のないままに討論会は終わった。壇上で、針谷大輔と桜井誠が握手していた。

その光景に失望したかのように、会場を去る後ろ姿があった。

野間易通である。

反差別カウンター始動

「レイシストをしばき隊」誕生

在特会は勢力を拡大していた。ナショナルフロントの解散もあるが、新右翼団体の懐柔《かいじゅう》に成功して、ヘイト活動を妨害されることが少なくなったことも理由にあげられる。

2012年ごろには、東京新宿区・新大久保で頻繁《ひんぱん》にヘイトデモをおこなうようになる。

「韓国人を叩き出せ！」

新大久保コリアンタウンでデモをする理由は、在日コリアンが多いからだという。

新大久保のコリアンタウンは昔からあったが、韓流ブームにのって、韓国料理店、韓国コスメ店、韓流アイドルグッズ店などがふえていた。韓国料理を楽しむ客や、韓流ドラマ好きの主婦、KポペンといわれるKポップファンが、新大久保のコリアンタウンをにぎわせていた。

「朝鮮人は出て行け！　竹島を返せ！」

「主権回復を目指す会」西村修平と対峙する野間易通

「差別主義者は日本から消えろ！」

このののしり合いを見ていた人から、しばき隊は批判されるようになる。

「しばき隊も在特会も、どっちもどっちだな」

しかし、しばき隊からすれば、「そうではない」と言い切る確信があった。

街頭で在日コリアンにヘイトスピーチをするレイシストと、それにカウンターをおこなうしばき隊は、その思想の社会的価値内容において、明確にちがう。

行動の激しさなどの現象面にとらわれて、反差別の本質を見失わないでもらいたい。

いじめの問題を考えてほしい。

目の前でいじめがおこなわれているのを見たら、それを止める人がいなくてはいけない。止めに入って口論になったり、罵倒の応酬になったり、殴り合いになったりした場合、本当にどっちもどっちなのだろうか。答えは否であろう。

「どっちもどっち論」にたいし、しばき隊は、カウンターには差別と排外主義を許さない「正義」があると、うったえつづけたのである。

アウトローたちの反差別――男組結成

2013年5月、私は高橋直輝《たかはしなおき》（本名・添田充啓）と反差別集団「男組」を結成した。男組は反差別の組織であるが、刺青《タトゥー》を隠すこともなく徹底的にカウンター行動にとりくんだ。「超圧力」をかかげる男組は「逮捕上等」でカウンターを展開し、在特会などの排外主義団体に実力行使をすることも辞さなかった。

じっさい男組は、ヘイトデモへの抗議行動のなかで逮捕者をだすこともまれではなかった。

男組の組長・高橋直輝は、もともとヘイトデモに参加していた。

そのかれが、なぜ、真逆の立場でカウンターをするようになったのか。

高橋を導いたひとりが、しばき隊の伊藤大介だった。

高橋は現役のヤクザを名乗り、右翼思想に傾倒し、韓国に強い反感をもっていて、在特会のヘイトデモに参加していた。血気盛んな高橋直輝は、当初、徹底的にカウンター行動をする目障りなしばき隊を叩きつぶそうと、考えていた。


「しばき隊の中でも伊藤さんは異質だった。すぐに不良だと直感したね。だから不良の俺がやらなくちゃいけないと思って、武器をもって自宅に乗り込んだ」

と、のちに高橋は語っていた。

伊藤大介の自宅に行き、高橋はドアを拳でガンガン叩く。

「伊藤！　出てこい！」

すると、逃げも隠れもせず、伊藤大介があらわれた。

「外に出ようか」

伊藤大介と高橋直輝は、近くの公園で話し合いをする。2人の議論は数時間におよんだ。

「それでも卑劣な差別デモをする在特会を許すのか？　納得できなければ、ここで闘おう」

この、伊藤の根を詰めた説得を高橋が呑み込み、カウンター側に転じたのである。２０１３年４月、高橋直輝は新大久保コリアンタウンをはじめ、日本各地でおこなわれるヘイトデモにカウンター行動をするようになった。

サングラスをかけた大柄の高橋直輝は、躊躇《ちゅうちょ》なくヘイトデモの前に立ちはだかる。

最初、しばき隊のメンバーたちは、高橋が本気でマインドチェンジしたのか、疑心暗鬼だった。しかし、高橋が必死になって逮捕覚悟で果敢にカウンターをしている姿をみて、これは本心からの行動だと信じるようになる。

高橋直輝は、かなりきわどい生き方をしてきた男だった。犯罪行為に手をそめた時期もある。しかし、かれがどんなに罪深い人間であっても、目の前でおこなわれている差別を止めさせている行動に偽りはない。

「俺はヤクザだった。長年ヤクザをやってきて、義理と人情を欠く金欲の世界には心底がっかりした。カウンターの人たちを見て、カタギでもここまでやるんだと勇気をもらった。弱き者を助ける任侠の世界はここにあると思ったんだ」

こうして高橋直輝は、反差別の武闘派集団「男組」を創設する。

かれには強烈なリーダーシップと、人を惹きつけてやまない天性の魅力があった。

男組メンバーを募集すると、かなりの人数が集まった。すでにカウンターに参加している人たちを中心に、ありとあらゆる武闘派の者たちが集まり、男組は結成された。メンバーには高橋とおなじく刺青を身体に施している人間も少なくなかった。

「しばき隊と男組はちがうぞ。カウンター行動に制限はない。差別主義者を叩きつぶすぞ！」

男組の始動は、新大久保コリアンタウンで開催されたヘイトデモへのカウンターであった。

それもヘイトデモが出発する大久保公園で、あいつらを閉じ込める。あいつらをヘイトデモに出させないという。

男組は公園の出口に突入する。

「つぶしてやるよ！　てめえ、なめてんじゃねえぞ！」

刺青で威嚇《いかく》しながら、差別主義者たちを身体で押し込む高橋直輝。他のメンバーも刺青を隠すことはない。世間の目を気にしていたら、カウンターなんてできない。

「名前言え！」

在特会にすごむ男組。あわてて静止する警察。その光景をヘイトデモ隊側は撮影していた。

ネット上に動画がアップされるや、驚異的な再生数となり、爆発的に拡散された。

「これじゃ、ただのチンピラじゃないか」

なにも知らない人からみれば、レイシストより男組の方が怖そうだ。

硬骨漢を全面にアピールし、刺青を誇示しながらカウンター行動をする男組に、カウンター内部からも批判がおきた。

「反差別運動に悪いイメージがつく。在日コリアンの気持ちをわかっていない」

そうした批判は、男組にとって想定内だった。

刺青で威嚇しつつ威圧的なカウンターをかける男組は、インターネット上で大きな話題となった。男組のようなカウンター集団まででてこなければならないほど、危険なヘイトスピーチだということが周知されていく。著名人たちもこぞって取り上げるようになった。

2013年6月16日。ついに新大久保コリアンタウンで、ヘイトデモ隊側4名、カウンター側4名、計8名の逮捕劇がおきた。罪状は暴行罪や公務執行妨害罪などである。マスコミにも取り上げられる事態となった。ヘイトデモがあるたびに、コリアンタウンには、機動隊の車輌が道路に並び、在特会とカウンターの争いにより、飲食店はまともに営業できない状況となる。

「在特会は許せないですが、このままだと商売に影響が……困ってしまいます」

ヘイトデモによって、新大久保の商店街の方々は営業的に深刻なダメージをうけていた。

ヘイトデモを通すな！

2013年6月30日。しばき隊と男組は、ヘイトデモが出発する大久保公園を包囲することを計画した。その日の新大久保コリアンタウンは、在特会のヘイトスピーチを許さない人たちであふれかえっていた。

国会議員の有田芳生《ありたよしふ》、弁護士の神原元《かんばらはじめ》、人材養成コンサルタントの辛淑玉《しんすご》、作家の中沢けい、ジャーナリストの安田浩一なども参加していた。

「差別デモを絶対に通さねえぞ！」

男組の高橋直輝は意気込んだ。公園を包囲しようとしたしばき隊と男組は、警察に強制排除されるが、すぐさま、出発地の大久保公園をでてすぐの道路をふさぐ。

偶然の流れであったが、そこに反差別カウンターの人垣ができ、機動隊が実力行使しなければヘイトデモ隊が通れない状況となった。

私の主催するイベントで初めて会ったとき、岩淵は、私にそういった。

なんだか私と似ている。やっていることは異なるが、岩淵には愛国心がある。私とかれは、右翼・左翼の立場をこえて付き合うようになった。

「我道会に協力するよ、祐二郎」

こうして、安藤喜一郎と岩淵進の協力を得て設立された我道会だったが、会長の私におかまいなく、会員は独自活動していく。

2012年7月、我道会の会員Zが、大飯原発再稼動に反対し、野田佳彦総理（当時）との面会を要求して、首相官邸前での単身座り込みをつづけていた。

会員Zは元左翼活動家で反天皇主義者である。脱原発デモで知り合い、いつしか一緒に行動するようになっていた。

「野田を出せ！」

ついに会員Zはカバンから凶器を取りだした。あわてて大勢の警察官が取り押さえる。

「逮捕！」

会員Zは首相官邸を管轄する麹町署に逮捕された。結成半年も経たないうちに、我道会は逮捕者をだしたのである。

右翼と左翼の「バカの壁」をぶっ壊せ

さきにのべたが、私は旧知の仲である野間易通とともに「レイシストをしばき隊」として、2013年2月から在特会へのカウンター行動をおこなっていた。5月には「男組」を高橋直輝と結成し、しばき隊や男組としてヘイトスピーチ反対の活動をしていた。

そんななかで、我道会に集まる仲間もふえていった。

我道会が、その独自活動として積極的にしかけたのは、在特会に加担する既存右翼団体への抗議だった。

既存右翼には、ヤクザと二足の草鞋を履いている者や、私とつきあいの深い人間も多い。在特会はひ弱な奴らだが、既存右翼への抗議は、それとはちがう。

ヤクザと喧嘩するようなものだ。

「メンバーも変わってきたわけだし、団体名をリニューアルしましょう」

私は、我道会メンバーと話し合い、あらたに「憂国我道会」と名のることにした。

右翼まる出しの団体名と思われるだろうが、その内実は、右翼と左翼が混在するふしぎな団体だった。「差別を許さない」という一点で結集する、左右の垣根をこえた組織だった。

憂国我道会という団体名にしたのには、一つの目的があった。

愛国者を自称する在特会は、敵対勢力を「左翼」と見立てる。

ところが、愛国者集団の憂国我道会にカウンターをしかけられると、どう対処していいかわからない。

在特会がいちばん嫌がったのは、おそらく右翼からの「差別をやめろ」抗議だったろう。

そこをねらって、カウンターをしかけるのだ。

「差別をやめろ！　エセ右翼！」

「憂国我道会はヘイトスピーチを許さない」

憂国我道会は〝反差別〟を主張し、アジアとの友好をつよくうったえた。

日本初の右翼団体といわれた玄洋社の総帥・頭山満が、朝鮮の金玉均、中国の孫文、インドのラース・ビハーリー・ボース、ベトナムのファン・ボイ・チャウなどの民族主義者たちを支援し、アジア各国の独立をサポートしたことは、よく知られている。右翼には、西洋列強の植民地主義に抑圧されているアジア各国の民族を尊重する一面があったことは、まぎれもない史実だ。

江戸時代の水戸学や国学にルーツをもつ尊皇攘夷《そうのうじょうい》思想は、天皇を尊び外敵をしりぞけようとするものだととらえられてきた（「攘夷」の外敵とはおもに欧米の帝国主義列強のこと）。

しかしいっぽうで、右翼は排外主義を明確に否定してきた側面もある。

なによりも右翼が重んじる尊皇主義には、天皇陛下のもとに皆平等であるという一君万民思想が存在する。であればこそ、排外デモをおこなう在特会を右翼が支援するなど、断じて許してはならないのだ。ならば、行動あるのみ。

私たちは、在特会に加担する右翼団体事務所に直接乗り込んで、抗議文を提出した。

在特会の排外デモでは、元暴走族で車の運転がうまい高橋直輝が、在特会の護衛として出動した右翼街宣車のケツに車をピタリとつけ、怒声をブチ上げる。

街宣車に乗っていた右翼も、そうとう困惑したのではないだろうか。

在特会らによるリンチで重傷を負う

在特会の排外デモは、千人規模のカウンターに圧倒されるようになった。

「ヘイトスピーチ」という言葉も、「2013年流行語大賞」候補にとりあげられるほど世間の耳目を集めるようになり、ヘイトスピーチを法的に規制すべきとの声が沸きあがってきた。

はっきりいって、在特会は押し込まれていた。

そんななか、私は、在特会がおこした傷害事件に巻き込まれた。

2014年8月15日午後9時ころ。憂国我道会メンバーや友人ら7名と待ち合わせして東京・飯田橋駅近くの居酒屋に入店しようとしたところで、100名以上で宴会をしていた在特会、維新政党・新風、関西の右翼団体「純心同盟」と、偶然でくわした。

「山口!」

「朝鮮人!」

カウンターの中心メンバーの一人と目されていた私は、ヘイトスピーチを浴びながらリンチをうけた。

ネトウヨ連中から暴力をうけたとき、被害届をだすのになんら躊躇しない理由はさきに述べた。だから、がまんして殴られつづけていた。これは差別的憎悪による暴行・傷害事件だ。自分だけの問題じゃない。私が殴られることで、在特会らが警察に逮捕されて、ヘイトスピーチに傷つく人が減るならそれでいい。危険な状況だったし、憂国我道会の仲間たちもおなじ気持ちで、ひたすら暴行に耐えていた。

ところが、警察署での事情聴取では、予想はしていたが最悪の対応をされた。在特会側も被害届をだそうとしていたのである。相被疑狙いの被害届が受理されているのか……。

私は暴行で被害届をだし、取り調べを終えた。

終電後の夜中だったが、すぐに仲間の車で病院に行き、診断書をとった。頭部擦過傷、顔面打撲、頚椎捻挫、両下肢打撲、右第9、10肋骨骨折、全治2、3ヶ月。自分では気づいていなかったが、かなりの重傷だった。

後日、それを麹町警察署に提出し、被害届を暴行から1ランク上の傷害に切り替えた。

それから毎日のように、麹町署や東京地検に行くことになる。たんなる傷害事件ではなく、政治思想がからんだ公安事件扱いだった。大人数が現場にいたこともあり、事情聴取は念入りにおこなわれた。

在特会らは被害者面をして、私が襲撃に来たとか、刃物をもっていたとか、女性が襲われて手を怪我したなどのフェイク情報を、ネットに流した。パソコンやスマホを開けば、私が在特会を襲撃したというデマが、あたかも事実のように語られている。

事件から2カ月以上経った10月25日、在特会会員を含む排外主義団体メンバーの山本雅人、篠田佳宏、水谷架義、伊藤広美、Nなど5名が、われわれへの傷害容疑で逮捕された。

在特会事務所など数カ所に家宅捜索が入り、会長の桜井誠も事情聴取された。

逮捕された5名の名前もマスコミで流され、ネット上でも拡散された。5名のうち、水谷、伊藤、Nは、略式起訴からの傷害罪では最高額の50万円の罰金刑、山本、篠田は不起訴処分になった。

国会でもとりあげられたほど、事件の影響は大きかった。

在特会から脱会者が続出し、ヘイトデモの参加者も激減した。暴行の現場にいた桜井誠は会長を辞任。20年の歴史をもつ右翼団体「純心同盟」は解散。

在特会の後任会長に決まった八木康洋は、在特会ホームページで、こう書いている。

《在特会の公式な活動中での逮捕や訴訟については責任を持つが、活動前後のトラブルや活動以外のところでの不法行為については在特会が責任を負うことはないし、それらの結果としての逮捕や訴訟に対し、在特会は援助しない》。

これはあきらかに、活動後の宴会中におこした今回の傷害事件を意識してのことだろう。

その後、在特会の藪根新一、麻生照善も書類送検され、略式起訴の有罪判決となった。

罰金は、傷害罪では最高額の50万円。事件は在特会の求心力をいちじるしく失わせた。

「在日朝鮮人を国外追放しなければならないのであります！」

「シナ人の人口侵略から日本を守れ！」

「支那人と犬は入るべからず」

などと書かれた幟《のぼり》をもち、ヘイトスピーチをする金友隆幸率いる排害社。抗議する在日コリアンや中国人を警察に排除させて楽しんでいる。

そんな金友を、かつて一緒に活動してきた既存右翼の仲間たちが遠慮がちに諭《さと》すこともあった。

「韓国や中国の国家に抗議する気持ちはわかるよ。でも、日本に暮らしている韓国人や中国人にまで出て行けと言うのは理解できないな」

「在特会なんかの言動は下品だよ。ゴキブリ、ウジ虫とか人間を罵るのは右翼としてダメじゃないかな」

だが、金友はこうした意見に、饒舌《じょうぜつ》に反論した。

「日本で日本国民を一番に考えるのは差別じゃありません。たとえば、日本の川もブラックバスやブルーギルみたいな外来種が入って生態系が変わり、元々住んでいた日本の魚が絶滅寸前になっています。日本人は日本を守らなくてはいけないのです。だから、そこら辺にいる韓国人やシナ人にも出て行けって言いますよ。それに、上品に活動していたらマスコミには取り上げられませんよ。在特会をマスコミが叩くのは、一定の社会的効果を及ぼしている証明です」

社会的影響力をもたない既存右翼の人間になにをいわれようが、だったらそれ以上に盛り上がる愛国運動をやってみろ、というのが、金友の本音なのである。

排外主義をつよく批判する私にも、金友はこんなことを語った。

「既存の右翼と在特会は、共に愛国を旗印にしつつも、ちがう運動形態を摸索する者同士として批判し合えばいいと思う。かつて、大日本愛国党の赤尾敏《あかおびん》先生は、右翼は愛国競争すべしと言われた。より多くの大衆の心を掴み、より多くの結果を示す。少なくとも、在特会への妬み、評論、批判は、なんら祖国を益するものではない」

愛国運動を追求しようとした金友隆幸は、排外主義にまみれた世界に堕《お》ちていった。

ネット右翼の中心人物　瀬戸弘幸

在特会には、既存右翼団体のような厳しい上下関係はない。

だが、人が集まり、集団ができれば、おのずと発言力の強い者と弱い者に分かれてくるものだ。

ここでは、ネトウヨたちの中心人物である瀬戸弘幸《せとひろゆき》と桜井誠の背景について分析したい。

現在、「日本第一党」最高顧問の瀬戸弘幸は1952年生まれ。福島県出身である。

瀬戸は、少年のころ、ユダヤ人ホロコーストをおこなった「国家社会主義ドイツ労働者党（ナチス）」の指導者アドルフ・ヒトラーに影響をうけたという。

1970年代、政治活動のかたわら、ヒトラーに心酔する差別・排外主義者の篠原節と出会う。そして、篠原率いる右翼団体「民族思想研究会」に入会。一般的な右翼活動と並行して、ナチスを肯定する日本のネオナチ運動を展開する。

1980年代にはいって、瀬戸は、新右翼団体「統一戦線義勇軍」の結成に関与する。このころ、かれは既存の右翼団体の枠組みをこえるあらたな愛国運動を模索していたという。

ところが1982年秋、右翼版「連合赤軍事件」と呼ばれる「スパイ粛清事件」（公安のスパイの疑いをかけられたメンバーを殺害した事件）で、瀬戸は自身の配下の人間を殺害される。

その後、瀬戸は新右翼団体と決別。

１９９０年代、瀬戸は外国人追放運動をはじめる。日本に外国人労働者がふえれば日本人の雇用が奪われると主張。２０００年代にはブログを開設し、在日コリアンの特別永住制度を廃止すべきなどと、差別・排外主義言説をむき出しにするようになる。

ちなみに、右翼活動家のなかでいち早くインターネットの活用をはじめたのは瀬戸である。

瀬戸のブログは、差別・排外主義的ウェブサイトのなかで、つねに上位にランキングされ、かれは「ネット右翼」の代表的存在となった。

２００７年には、維新政党・新風の公認をうけて参議院議員選挙に出馬、落選するが（17万票）、新風の副代表に就任した。

瀬戸が、桜井誠と知り合い、行動をともにするようになるのは、このころからだ。

２００９年、瀬戸弘幸はフィリピン人一家の住む埼玉県蕨市で、一家の自宅前や、子どもの通う中学校にまで押しかけ、ヘイトデモをする。

「保守にあるまじき行動だ」

既存の右翼からも瀬戸への批判が噴出した。

だがそれらを一蹴して、かれはこう言い放った。

「在特会は市民運動団体であり、右翼運動などとはまったく無縁な存在です」

ベテランの右翼活動家が、在特会を「市民運動」「行動する保守」と、高く評価したのである。その瀬戸弘幸が「現代のカリスマ」「時代を変える英雄」とほめ称える人物が、桜井誠だ。在特会初代会長で、現在は日本第一党党首である。

街頭に出たネトウヨ・桜井誠

ミスターヘイトスピーチと呼ばれ、会員数・自称1万人以上という日本最大の差別・排外主義集団、在特会を創設した桜井誠。中年太りの体型で、ファッションセンスもさえない。

1972年生まれ、福岡県出身の桜井誠は、高校卒業後、1997年に上京。区役所の非常勤職員等の仕事をしていたという。

2005年、山野車輪《やまのしやりん》の『マンガ　嫌韓流』(晋遊舎)などが社会的に問題視されていた時期に、桜井はインターネット上で自身のウェブサイト「不思議の国の韓国」を開設した。

桜井の嫌韓発言はネット上で話題となり、テレビにも出演するようになる。地上波の番組で、韓国に敵対的な発言をおこない、反論する在日コリアンを攻撃し続けた。場をしらけさせ、進行を妨げる桜井の主張に中身はないが、存在感だけは強烈にアピールしていた。

やがて、在日コリアンには特別永住資格などの「在日特権」が存在すると声高に叫び始め、2007年1月、「在日特権」の廃止をかかげて在特会を設立、活動を開始した。

発足したころは勉強会が中心だった在特会だが、「維新政党・新風」や「主権回復を目指す会」らと交流し、共闘するなかで、ひんぱんに街頭にでて、演説会やデモをはじめる。

桜井の特徴のひとつはマイクパフォーマンスだ。お決まりのパターンがある。

「朝鮮人を叩き殺せ！　かかってこいよ！」

ヘイトスピーチを叫んで、激しく挑発する。警察に囲まれて身の安全が保障されている中での勇ましいヘイトである。カウンターがあらわれても、警察があいだに入って、しっかり守ってくれる。計算された作戦なのである。

自分に実力行使をしかけてくるカウンターがいれば、すぐにマイクをもって大音量で叫ぶ。

「犯罪者を逮捕しろ！」

絵にかいたような卑劣漢である。

在日コリアンを殺せと煽動する桜井のヘイトスピーチは、道理を守り、有言実行に重きをおく、既存右翼の思想とは相いれない。

だが、理論も情念も覚悟もいらないから、既存の右翼活動よりはるかに参加しやすい。既存右翼のアンチテーゼとしての在特会は、気の弱い右翼思想をもつ人々に居場所を作り上げ、右翼運動に入る間口を広げたのだった。

在日コリアンへの差別を煽れば煽るほど、在特会は注目を集めた。

瀬戸弘幸と桜井誠は、既存の右翼団体を批判しながら排外主義運動を展開し、ネトウヨの中心人物として求心力をつよめていった。

確信犯的レイシストとの対話

いまでは討論を呼びかけても、プライベートで誘ってもでてこないが、私は、在特会会員を説得しようと何度も試みてきた。ヘイトデモ現場以外の場所で話をして、差別はよくないことだとわかってくれるのが一番だと、考えていたからだ。

在特会の幹部という男と酒を飲む席を作るのに成功したことがある。

２０１０年１月23日、居酒屋で待ち合わせた男は、中肉中背の私より小柄で、印象は、ひどくどんよりした陰気な雰囲気だった。

権。

――それは戦時中に、大日本帝国が韓国を併合し、朝鮮半島を占領して植民地にしたからだよ。朝鮮人はむりやり国籍を日本人にされてしまったんだ。日本が負けて戦争が終わって、日本人じゃありませんなんて言われて、その人たちは日本で暮らしていくのに困っちゃうでしょ。

冨成　帰化すればいいんだよ。そんなの理由にならない。

――侵略し強制連行しておいて、そんなことが言える神経が理解できないよ。僕はないと思うけど、仮に在日特権があるとしても、制度の問題だから政府に抗議するべきじゃないの？強制的に連れてこられた在日朝鮮人に文句を言うのは本当に酷いことだ。

冨成　もういいよ。

――ところで、声優にはならないの？

冨成　ああ、学校は辞めたよ。新聞奨学生も辞めた。「男組」との件で逮捕されたのもあったしね。

――2013年11月に男組との乱闘で麹町署に逮捕されてるね。全国ニュースで名前も報道されたけど、仲間の支援はあった？　親御さんもびっくりして心配したんじゃない？

冨成　別に。

——いま、仕事は何をしてるの？

冨成　いま無職なんだ。来月から短期のバイトをする予定。

——お金は大丈夫？

冨成　ヤバイよ。家賃滞納してるし、追い出されるかも。どうしようかな。

——そりゃ、活動どころじゃないね。

冨成　活動も辞めるよ。活動してることが芸能事務所にバレちゃって、辞めろって言われてる。

——厳しいんだね。

冨成　それなりの事務所だからね。きっぱり活動を辞めるよ。俳優で成功するさ。

——一緒に活動してきた仲間たちはどう思うかな？　残念がるんじゃない？

冨成　戦力の駒が1つ減ったとしか思ってないよ。他にもいるさ。

——芸能事務所では、どんなことしてるの？

冨成　週1回、夜に稽古してるよ。

——役はもらったりするの？

冨成　少しはね。これからだよ、これから。有名人がレッスンに来たりするんだ。刺激受けるよ。

――じゃあ、もうヘイトスピーチしてないわけだ。

冨成　してないよ。でも、在特会の飲み会ぐらいは参加するかも。

――大丈夫？　また在特会に戻らない？

冨成　事務所に言われてるから活動には出ないよ。いまは本当に俳優で頑張りたいんだ。

――差別をする活動から離れるのはいいけど、今まで傷つけた人のことをどう思う？

冨成　もう出ないからいいでしょ。

――そういう問題じゃないよ。

冨成　悪かったと思ってるよ。あのさ、この後、メイド喫茶行かない？

――行かないよ。そんなお金ないだろ？

冨成　5百円で居られるよ。

――それより家賃を払いなよ。そして差別して傷つけてきた人のこと考えて、反省しろよな。

冨成　わかったって。

――国会ではヘイトスピーチを規制する法律が審議されているし、多くの逮捕者を出してきた在特会は脱退者もたくさん出て、活動も下火になっているると感じるんだけど、冨成くんが辞めるのはそういう流れとは関係ないのかな？　自分の居場所を、落ち目な在特会から芸能事務所に変えたいのもあったんじゃない？

冨成　そんなことないよ。もういいから。

私は終始、この青年、冨成にいら立っていた。在日朝鮮人というマイノリティの心をえぐるヘイトスピーチをしてきたのはもちろんのこと、在特会を離れるにあたって、それまでしてきたことに責任を感じて反省する姿勢は、まったくみえなかった。かれが活動を辞めても、傷つけられてきた方々の心の傷は癒えない。被害者に何の謝罪もなく、俳優になりたいという夢にまい進している。あまりにも自分本意すぎやしないだろうか。

（取材／文　山口祐二郎）

このインタビューは2015年秋におこなったものだが、残念なことに、冨成一秋は、その後、排外主義運動に戻ってしまった。

一時期、自分の居場所を芸能活動に移しただけで、社会的マイノリティを攻撃したことを反省していなかったのである。

おそらく、俳優として上手くいかなかったからヘイトスピーチ活動に舞い戻ったのだろう。ヘイトスピーチをして傷つけた人たちに謝罪もせずに、己のことだけを考えて生きているとしか感じられない妄想系レイシスト。在日コリアンからすればたまったものではない。

「脱会」したネトウヨ

これほどヘイトスピーチが社会問題化し、社会的批判にさらされるようになっても、排外主義運動をやめる者は少ない。それ以外に自分の居場所を見いだせないのかもしれないが、もっと大きな理由は、離れようとすれば、カルト宗教からの脱会とおなじく、内部から強い批判をうけるからだ。

ここでは、私がきっかけで排外主義運動と決別したネトウヨのエピソードを紹介したい。かれは、先にのべた「飯田橋集団暴行傷害事件」の被告の一人だった。

この事件で、私が殴られるままでいたことによる成果は、差別主義者が逮捕され、ダメージを受けたことだけではない。

この事件をきっかけに、ある若者が排外主義運動から足を洗って立ち直ってくれたことだった。

2016年8月26日。第1回の裁判が開かれたその日、目の前でおきた出来事に私は驚いた。


「まず、原告および、その場に居合わせた方々、そして差別的な言動によって人権を侵害してしまった不特定多数の在日コリアンの方々に、心からお詫びします」

裁判が始まるといきなり、被告の1人のN氏が陳述をおこない、暴力を振るったことについて、私に謝罪した。さらに、差別的な活動を陳謝し、在日コリアンの人びとに対してお詫びしたのだ。

私たちへの暴行事件で逮捕されて以来、N氏が差別活動にいっさい参加しなくなっていることは把握していたし、有罪判決を受けて保釈された後に、インターネット上で謝罪文を書いているのも知っていた。共通の知人を通じて、謝罪したいと考えている旨も、伝え聞いていた。

だが、直接会って話したわけでもなかったので、まさかこのように真摯にお詫びをされ、ヘイトスピーチの被害者である在日コリアンの人びとに対しても謝罪するとは、思っていなかった。

差別主義者だった人間が、ここまで改心したケースを私は知らない。

しかも裁判という公の場で、堂々と排外主義運動との決別を宣言したのである。

私が見てきたかぎり、排外主義運動をはなれた人間はわずかながらいたが、傷つけてきた在日コリアンには謝罪せず、逃げ出すように消えていくだけだった。

「自分の存在価値を見いだし快感を覚えました」——N氏の告白

2016年11月、秋葉原の居酒屋の個室で、N氏と会った。

私の目の前にいるN氏の表情とたたずまいに、嘘偽りは感じられなかった。

かれと握手をし、その晩、一緒に酒を飲んだ。

「もう二度とヘイトスピーチはしません」

N氏は裁判においても、酒の席でも、二度と過ちはくり返さないと、私に約束してくれた。

かれが償いをし、人生をやり直したいと願うならば、そのサポートをしたいと私は思った。

じっさい、素人の乱のデモ参加者の中には、そういって嘆く者がいた。

それでも素人の乱は、同世代の若い男女が楽しそうに集まり、今までにない高い動員力と大きな広がりを見せていった。

その理由はなんだろうか。

人間が生きるために必要なのは、まず衣食住であるのはまちがいない。金がなければ生きてはいけない。はたらいているのに貧乏なのはなぜだろう。それっておかしいんじゃないの？

右翼、左翼に関係なく、明日の暮らしが危ぶまれる状況を変えようとするのは、当然のことだ。社会運動としての素人の乱は、これを上手く表現した。だから、これまで社会運動に関心をもたなかった若者たちの心にヒットしたのだろう。

右翼活動では既存の団体がなんら社会的影響力をもてずに沈滞していくなかで、あらたにネット右翼が街頭に出現し、排外主義運動が台頭していった。

左翼活動では、既存の左翼とは一線を画した素人の乱が出現し、デモが異様な盛り上がりを見せていったのである。

素人の乱の労働運動は、これまでにないあたらしい社会運動の時代を感じさせるものであった。

3・11以降の脱原発運動　首相官邸前抗議

2011年3月11日、日本列島は経験したことのない大きな揺れに襲われた。マグニチュード9・0を記録し、未曾有の死者と被害を出した東日本大震災。ニュースでは、福島原発近くで避難を呼びかける防護服の自衛隊の映像が流され、停電と断水、アスファルトの道路は割れ、地震の揺れと津波で破壊された建物が崩れ、倒れた電信柱が地面に突き刺さっている。港では、船がビルの上に乗っている。

大勢の人々が、避難所となった公共施設にレジャーシートを敷いて暮らす事態となった。しかし、本当の恐怖は、大震災によって引きおこされた福島第一原子力発電所事故による放射能汚染だった。

政府が「安全」と公言してきた原子力発電所。その安全神話は、もろくも崩壊した。地震の揺れにより、全電源を失いメルトダウンした福島第一原発事故は、旧ソ連のチェルノブイリ原発事故以上のレベルといわれた。避難区域に指定された土地には住めなくなり、家族バラバラにされ、人々は生業をうしなった。

ずさんな原発管理体制が、次から次へと暴露されるなか、政府も東京電力も、事故の責任を負わないまま、次々に原発が再稼働されている。

２０１１年3月11日以降、多くの人々が街頭にくり出し、脱原発を訴え、再稼働に対する抗議デモをおこなうようになった。

首相官邸前では、毎週金曜日に市民が集まり、脱原発の抗議デモがおこなわれている。運動の呼びかけは、ＳＮＳ（ソーシャル・ネットワーク・サービス）が使われている。

とくに、１４０文字以内のツイートを投稿するツイッターには爆発的な拡散力があった。リツイート機能を使って、デモや集会の情報がシェア、拡散され、参加者は日増しにふえていった。抗議風景を動画で生中継する人もいて、現場にいない市民にも自分も参加できそうに思えた。

組織に属さずとも、自分の意思でデモに参加する。

ＳＮＳの普及により、世界的にも、社会運動は大きな転機をむかえていた。

日本ではネットの呼びかけを通じて、毎週のように数百、数千単位の人が脱原発デモに集まるようになる。マスコミも重い腰を上げ、市民による脱原発運動をとりあげた。

「原発反対！」

「子どもを守れ！」

参加者には古くからの左翼活動家や労働組合員もいたが、それまで社会運動とは縁のなかった市民がインターネットの呼びかけで集まり、精力的に声を張りあげていた。一人ひとりの個が集まり、自然と集団になって抗議する。集団ではあるが、決して統制されたものではない。

「いま路上で起きていることは、新しい社会を作る機運だ」

ある社会学者は、そう分析した。

脱原発運動の中心になっていたのは、野間易通だった。

私とともに2010年から在特会を批判してきた野間は、「ツイッターデモ」と呼ばれる脱原発デモを呼びかけた。毎週金曜日におこなう「首都圏反原発連合（反原連）」主催の首相官邸前抗議には、インターネットの呼びかけに、数万単位の参加者が集まるようになる。

反原連は脱原発という一つのテーマを訴える「シングルイシュー」を強調し、多くの人々から支持をうけていた。政治家や著名人も参加し、頻繁にニュースにもとりあげられるようになり、官邸前は脱原発を求める市民であふれかえる。

２０１２年6月には、それまでで最大となる20万人が、首相官邸前抗議に集結、歩道に収まりきれなくなった参加者が車道にあふれ出す事態にまでなる。

その年の8月、反原連は市民運動としては前代未聞のことを成し遂げる。なんと野田佳彦総理（当時）に面談の席を用意させたのだ。首相官邸で、反原連は堂々と野田総理と面会し、抗議の声を直接届けた。テレビ・新聞もこの様子を報道した。

野田総理との話し合いをピークに官邸前抗議の参加者は減っていったが、東日本大震災前に50数基も稼動していた原発は、わずか数基になった。

その後、在特会にどうカウンターをしていくかを模索していた野間易通は「レイシストをしばき隊」結成を呼びかけ、脱原発運動を反差別運動に連動させることに成功する。

反ファシズム運動　C・R・A・CとSEALDs

在特会に抗議する反差別カウンター行動のベースには、脱原発運動があった。

「レイシストをしばき隊」を２０１３年9月に解散した後、その後継団体として、野間易通は同年10月、対レイシスト行動集団「C・R・A・C（クラック）」を結成する。

「ＡＮＴＩＦＡ（反ファシズム）」の大規模な大衆運動を構想する野間は、C・R・A・C結成後、差別に反対するカウンター行動以外にも、特定秘密保護法反対、安保法制（安全保障関連法案）反対、安倍政権打倒の活動をおこなうようになった。

いっぽう、オシャレな若者たちによる反ファシズム運動が出現する。

2015年5月に誕生した、国会前で安保法制に反対する若者グループ「SEALDs（自由と民主主義のための学生緊急行動）」である。その年の7月、衆議院本会議で安保法制が強行採決されたさいには、SEALDsの呼びかけた国会前抗議に10万人もの市民が集まった。

既存の左右の活動家とは違って、SEALDsのメンバーはクラブにでもいそうな今風のファッションの若者ばかりだ。

「安倍はやめろ！　国民なめんな！」

「戦争反対！　憲法守れ！」

ヒップホップのラップ調のコールをする。そんなSEALDsの行動には多くの議員や著名人も参加し、連日のようにマスコミにも取り上げられた。

まるでファッション誌の表紙風に撮影した写真を使ったSEALDsのビラ。カッコ良いだけという批判に、SEALDsのメンバーはいう。

「いかに伝わりやすいかとか、手に取ってもらえるかを考えたからです。カラフルな色で、とても政治のビラなどとは思われませんが、憲法などに詳しくない人にもわかりやすいような言葉を心がけていますし、渋谷の通行人にもすごく受けが良かったです。専門的な知識が色々な人に伝わるようにとりくんでいます」

既存の活動スタイルとは一線を引いて、きちんと考えて戦略的に運動をしていたのだ。なによりSEALDsの強みは無党派の学生という点にあった。

既存の運動とのつながりはほとんどなく、色がついていない、無党派だからこそ、幅広く野党議員がSEALDsの活動に参加した。2015年6月にSEALDsが呼びかけた渋谷ハチ公前でのアピールでは、民主党、共産党、社民党、維新の党、生活の党の野党議員がきている。

SEALDsのメンバーは語る。

「既存の社会運動は市民とかけ離れた感じの活動家ばかりですが、SEALDsは渋谷にいそうな普通の学生たちが活動している雰囲気です。デモをしたくて、しているわけじゃありません。勉強もバイトも遊びもあります。忙しい中でしています。昔の社会運動は、運動に没入する感じだったと思いますが、僕は生活しながら民主主義のために動くのが市民のあり方だと考えています。そういう文化がSEALDsにはあるんです。これまでの

相模原障害者殺傷事件——命が選別される社会

2016年7月26日未明。神奈川県相模原市の知的障害者施設「津久井やまゆり園」に男が押し入り、19人を殺害、27人が重軽傷を負った。

容疑者は植松聖という若者だった。

犯行後、植松は自身のSNSのツイッターに「世界が平和になりますように。Beautiful Japan!!!!!!」と、笑顔の自撮り写真とともに投稿した。

この事件は、複数の障害をあわせもつ重複障害者で、意思疎通の困難な知的障害者を標的として殺害した、明確な差別意識をもって実行されたヘイトクライム（差別的憎悪犯罪）である。

植松は、津久井やまゆり園の元職員だった。

「障害者は死んだ方がいい」

「障害者はまわりの人を不幸にする。いない方がいい」

仕事中にヘイトスピーチをする植松に、いくら園側が注意をしても聞く耳をもたず、辞職する運びになったという。

かれは、みずからの考えを絶対的に正しいと信じていた。

同年2月には衆議院議長公邸を訪れ、津久井やまゆり園などの知的障害者施設を襲撃して入所者を殺害する計画内容を記した文章を、手交している。

「障害者は迷惑だ、税金がかかりすぎる」

つまり、社会的マイノリティが社会の富を奪っているというわけだ。

これは植松にかぎらない、すべてのマイノリティに対する差別意識の根底にある考え方である。

在特会の「在日コリアンが『在日特権』をもち、日本人の生活を脅かしている」という発想もおなじだ。攻撃対象が、在日コリアンであるか知的障害者であるかのちがいだけで、いずれも被差別マイノリティにむけられている。

マスコミや社会心理学者は、障害者施設ではたらく職員の過酷な労働と低賃金、さらに家庭環境や職を転々とし仕事がつづかないという植松の「心の闇」をクローズアップした。

だが、なにより注視されなければならないのは、植松の犯行が、あきらかな知的障害者への差別意識に裏打ちされ、目的意識性をもって実行されたことだろう。

それは、知的障害者支援に費用（税金）を投入することは経済合理性的価値観からみて〝無駄〟というヘイトクライムにほかならない。

事実、事件後の取り調べや報道において、植松は、ユダヤ人やロマ、そして障害者や同性愛者を大虐殺したナチス率いるアドルフ・ヒトラーに心酔していたことがわかっている。

ヒトラーの思想の特徴は、人間に優劣をつけ（とくに人種差別）、〝優秀な遺伝子〟のみを残すという「優生思想」である。これにもとづいて実行されたナチスによるユダヤ人ホロコーストは広く知られているが、その端緒となったのが、知的・精神障害者を殺害した、T4作戦*だった。

それは、障害者を、国家の発展を阻害する要因とする思考にもとづいておこなわれた。

植松は、知的障害者を社会的に役立たない存在と定義し、ヘイトクライムを実行した。

しかし、かれ自身は、社会正義をおこなったとする妄想に憑《と》りつかれていた。

人間の一人ひとりの命はかけがえのないものだ。「生産性の高低」などによって、人間の尊厳や生存を否定しては断じてならないのだ。

しかし、いまの日本社会に、植松とおなじような差別意識を抱いている人間は多い。じっさい、インターネット上には植松の犯罪に共鳴し、さらには植松を神と崇める者まであらわれたのである。

「よくやった」

「植松はヒーロー」

こうした人間たちは、実行にうつしていないだけで、植松とおなじ差別意識を秘めていることにかわりはない。相模原障害者殺傷事件は、差別・排外主義が日本社会に蔓延するなかで惹起した、戦後最悪のヘイトクライムなのだ。

現在、神奈川県・横浜拘置支所に収監されている植松聖は、自身がおこしたヘイトクライムを、障害者差別ではなかったと、言い張っている。

「人ではないから殺人ではない」

犠牲になった重複障害者19名は、異例の「匿名発表」という扱いがなされた。遺族の希望もあり、警察は名前の公表を控えているというが、本当にこれでよいのだろうか。犠牲となった人たちは、身体的な生命のみならず、その実存的「存在」まで抹消されている。

相模原障害者殺傷事件について、保守、右翼団体の人間たちからの言及は、皆無であった。

＊Ｔ４作戦　優生思想にもとづいてナチスが組織的におこなった障害者虐殺。「安楽死管理局」が所在したベルリン・ティーアガルテン通り4番地からＴ４作戦と名付けられた。犠牲者は20万人ともいわれている。

杉田水脈　ＬＧＢＴ差別事件

２０１８年7月、自民党所属の衆議院議員・杉田水脈《みお》がＬＧＢＴ差別事件を引き起こし、社会的批判にさらされた。ＬＧＢＴとは、Ｌはレズビアン、Ｇはゲイ、Ｂはバイセクシュアル、Ｔはトランスジェンダーの略で、性的マイノリティの人々の総称だ。

問題となったのは、『新潮45』（２０１８年8月号）に寄稿した「ＬＧＢＴ支援の度が過ぎる」である。

「ＬＧＢＴのカップルのために税金を使うことに賛同が得られるものでしょうか。彼ら彼女らは子どもを作らない、つまり生産性がないのです」

杉田水脈の寄稿は、ＬＧＢＴ当事者団体をはじめ、多くの人々から激しく批判された。海外メディアも、日本の国会議員がＬＧＢＴ差別をしていると報道した。だが、杉田は、自身の差別煽動記事に反省もせず、自民党の先輩議員たちから応援の声をかけられた旨をＳＮＳのツイッターに投稿して、居直り続けている。

さらに自民党は、多様性が尊重される日本社会をめざすと公約しているにもかかわらず、二階幹事長は「人それぞれ政治的立場、いろんな人生観、考えがある」と、杉田を擁護した。事実上、杉田水脈のヘイトスピーチを黙認し、ＬＧＢＴ差別に加担したことにほかならない。

こうした差別を容認する対応に、ＬＧＢＴ当事者たちは激しい怒りを覚えた。

7月27日には、ツイッターを中心に、永田町の自民党本部前で抗議活動が呼びかけられ、主催者発表で5千人もの人々が、杉田水脈の辞職をもとめて集まった。

「ふざけんな！　レイシスト！」

「差別をするな！」

参加者は次から次にマイクをもち、うったえる。

「絶対、今日は来なきゃいけないと思ったんです。今回私たちは傷つきました。悲しみました。私は大学で教えています。その中で性の多様性の話をようやくこの3年間、始めることが出来ました。そしたら、大学生が次々に言うんです。先生、どうしてこんな大事なことを小学校、中学校の時に教えてくれなかったんですか? もしそれを知っていたら、酷くいじめられていた友達を助けることができたのに。もしそれを知っていたら、自ら命を絶ったあの友達を助けることができたかもしれないのに」

「私、カミングアウトしてないんですよ、はい。それはどうしてでしょう? だって、カミングアウトなんかしたら私は生きて行けないって、ずっと自分の中で言い聞かせてきたからです! でも、この一週間で知りました。黙っているともっと怖いことが起きるんだって。だから、私はここで言います。私は、ゲイだ! それが、どうした! 私たちはここにいる!

This IS Pride! This IS Pride! This IS Pride!」

カミングアウトしたのは、富山大学の林夏生准教授である。苦悩していた当事者が、人間の尊厳(Pride)をかけて抗議したのである。LGBT差別反対の歴史に残るスピーチとなった。

それは日清製粉の正田巖氏（美智子皇后の兄）の妻・淑さん（元内閣総理大臣・濱口雄幸の孫娘）にまつわる、ある差別発言事件。

部落地名総鑑購入企業の一つに日清製粉があった。広島県のある被差別部落出身の女性が、現在の上皇后の兄にあたる正田巖宅に電話をしたことから、ことがあかるみになった。「天皇家にお嫁に行くぐらいのお家柄であって、部落地名総鑑など日清製粉が購入されるわけがございませんわねぇ」と、皇室に尊敬の念を抱くあまり、電話を入れた。電話をとったのは、巖の妻・淑さん。

「だって、部落の人のことを調査しなければならないのですから、部落地名総鑑を購入するのは、当たり前でしょう」という返事だった。

ここからもつれたというわけだが、皇室にかかわる縁故のものが起こした差別事件とあって、自民党首脳も頭を痛めたという。（小森龍邦著『解放運動の再生』より）

正田醤油の敷地内にある正田記念館の資料によれば、皇后陛下のご実家、正田家の系譜をさかのぼると、源義家の孫で新田氏の祖とよばれる新田義重の重臣、生田（庄田）隼人を祖とし、江戸時代に新田郡尾島町世良田《せらだ》（現・群馬県太田市世良田町）に移住し、正田姓を名のるようになったと記されている。

館林市に移り住み、醤油業をはじめたのは、1873年（明治6）である。

歴史をちょっと調べれば、文献からも、そして地元住民からしても、正田家は代々、米問屋を家業とする近郊きっての富豪商だったことがわかる。

宮内庁長官のもとで、天皇陛下（当時皇太子殿下）の教育責任者をつとめた小泉信三氏いわく、皇后陛下が皇太子妃になるさい、正田家のルーツを、300年さかのぼって調べたという。

郷土史家によれば、文献で確認できるのは、300年ほど前の庄田六三郎氏（1682年没）までだという。だが宮内庁は、地元住民や正田家を古くから知る関係者に、念入りな聞き込み調査もしていた。

世良田村事件　部落差別によるヘイトクライム

宮内庁は、いったいなぜそこまで調査したのか。

有力な説は、世良田との関係である。

世良田には被差別部落が存在し、かつて悲しい事件もおきている。

1925年におきた「世良田村事件」である。

被差別部落を、近隣の一般地区村民が襲撃した世良田事件の背景には、1922（大正11）年に全国水平社が結成され、部落差別への怒りが沸きおこったことがある。

世良田の部落からも、水平社に結集した人が多くいた。

事件は、差別発言をした村民が、差別糾弾への恐怖（差別意識の裏返し）に端をはっして、被差別部落民を、逆に襲撃する事態となった。

関東大震災の混乱のなかでおきた朝鮮人大虐殺とおなじく、被差別部落民の抗議と糾弾を怖れた世良田村民の自警団が、差別心と恐怖心にかられておこなったヘイトクライムである。

部落差別意識に乗じて売らんがためのセンセーショナル記事

館林駅西口にほど近い正田醤油敷地内には、ふたつの神社がある。

正田稲荷神社と白山神社で、本社・研究所には正田稲荷神社が、道路をはさんだ向かいにある館林工場には白山神社が存在する。

白山神社は、被差別部落とのつながりが深いとされている。江戸時代からの被差別民の頭領、歴代の穢多頭《えたがしら》・弾左衛門《だんざえもん》がつよく信仰したからである。正田醤油敷地内の白山神社が工場側にあるのは、かつて、正田醤油製造工場ではたらく労働者に被差別部落出身者が多くいたからといわれている。

いまも、正田醤油の工場付近では醤油のつよい匂いが漂う。被差別部落出身者の職業をひとくくりにすることはできないが、地域によっては、食肉解体業、皮なめし業、葬儀業、清掃業など、死や匂いのつよい仕事と関連することもあった。

本社や研究所敷地内におかれ、きれいに整備されている正田稲荷神社。それとは対照的に、工場敷地内で手入れがあまりされていないように見える白山神社。ふたつの神社の場所が、明確に歴史を物語る。正田家が被差別部落出身であれば、このような敷地内の神社のあり方になっていないはずだ。

なぜ上原善広は、美智子皇后と被差別部落を結びつけたのか。

そこには、世間の部落差別意識に乗じて、売らんがためのセンセーショナルを巻きおこすことだけの目的しかない。

皇后陛下と被差別部落出身者双方を貶め、商売にしたのである。

最低最悪の差別商売屋　鳥取ループ・宮部龍彦

２０１６年12月、「部落差別解消推進法」（以下、解消法）が制定された。現在もなお存在する部落差別の解消にむけたとりくみを国及び地方公共団体が努力するとさだめた理念法である。はたして解消法は意義のある法律なのか、その是非が議論されている。

そうしたなかで、最低最悪の差別商売屋も出現するようになる。

鳥取県の被差別部落出身を自称する「鳥取ループ」（ハンドルネーム）の宮部龍彦である。「示現舎《じげんしゃ》」の代表で、２０１６年に「全国部落調査」の復刻版の刊行をくわだてた。出版が阻止されると宮部は、インターネット上に「全国部落調査」ウェブサイト版を掲載し、被差別部落の所在地をアップしたのだ。

全国部落調査とは、戦前の内務省傘下の「中央融和事業協会」が、１９３６年にまとめた被差別部落の調査報告書だ。戦後の混乱のなかで市中にでたものとされ、「部落地名総鑑」*の原典のひとつとされている。

いまなお部落差別が厳しいなかで、「全国部落調査」復刻版の発行とネットでの拡散は、差別煽動以外のなにものでもない。部落解放同盟は「差別を助長する」として、横浜地方裁判所に出版とネット上の掲載差し止めをもとめる仮処分を申し立てた。

横浜地裁はこれを認め、出版とネット上の掲載禁止の仮処分を決定したが、しかし、鳥取ループの宮部は、差別サイトをミラーサイトに移し、「もう自分には関係ない」と、うそぶいている。


さらに驚くべきことに、宮部が「全国部落調査」の復刻版刊行を予告したさい、「画期的な出版」とほめたたえた自称ノンフィクション作家がいる。

さきに私が批判した差別売文家の上原善広である。

宮部や上原は、被差別部落を隠すことが差別を助長すると居直っている。

だが、部落差別は「インビジュアル（見えない差別）」だからこそ、「どこが部落か」「誰が部落出身か」を特定するために、身元調査がおこなわれる。

人間社会にはさまざまな差別があるが、肌の色、性別、障害の有無といったちがいが外見上であきらかな場合が多い。が、部落差別は見た目で判断できる属性ではない。であるからこそ、差別する側は「部落地名総鑑」を購入し、出身者を特定しようとしたのだろう。

じっさい、それによって身元調査がおこなわれ、結婚や就職のさいに出身者を排除したのである。

＊**部落地名総鑑**　戦前の部落実態調査報告をもとに、被差別部落の所在地を一覧にした冊子が販売され、全国の企業・銀行・大学・興信所などが購入。１９７５年に事件が発覚。「人事調査の一助に」「お子さんの結婚問題で心労されるご家族たちに」とする差別図書は、回収されただけでも８種類・６６０冊にのぼる。

カミングアウトと他者による暴露はちがう

政界においても、総理候補のひとりと目されていた政治家が、部落差別をうけた。現・副総理兼財務大臣の麻生太郎が、２００１年、自派閥「大勇会《だいゆうかい》（現・志公会）」の会合で、内閣官房長官（当時）の野中広務《ひろむ》を「部落出身者を日本の総理にはできない」と公言して、問題になった。

野中氏は、みずから公の場で麻生につよく抗議し、麻生はなにも言えず、真っ赤になってうつむいた。（『野中広務　差別と権力』（魚住昭著）に詳しい。小林健治によると、部落解放同盟中央本部は、この麻生太郎による差別事件に一切抗議せず、秘密裡に麻生側と手打ちしたという。）

とゾーミントゥは語る。

来日したばかりのロヒンギャは当然言葉がわからないし、仕事を探すのだってたいへんだ。過酷な状況のなかで、かれらは独自のコミュニティを作り、助け合い、生き抜いてきた。仕事に就けない者やお金のない者には、皆で協力して食糧を分けあっている。

館林市に暮らすロヒンギャの人々の大半は、群馬県内の自動車工場ではたらいている。日本人労働者より賃金は低く、残業しても、手取りは月18万円を下回る。アルバイトなので突然解雇されたり、ハードな肉体労働で身体を壊す人も少なくない。貧しい生活のため、何人かで小さな家を借りてシェアしていたりする。

日本にのがれて暮らすロヒンギャの人びとには、立場の違いが三つある。

一つめは、難民認定されている者。認定されれば、就労や移動の自由、国民健康保険の加入などが認められる。だが、2018年に日本で難民申請した10493人のうち、認定をうけたのは42人しかいない。*

二つめは、難民認定申請中だが、人道的配慮から在留特別許可がでている者。

ロヒンギャにはこの立場の人がいちばん多く、就労や移動の自由、国民健康保険の加入などが認められる。ところが、この在留特別許可がおりるまで、なんと15年以上かかった人もいる。

そして、三つめが仮放免という人権無視の軟禁だ。就労の自由もなく、県外への無許可での移動、国民健康保険の加入も認められない。

ほんらいは、不法滞在として入国管理局の収容対象だが、一時的に身柄の拘束を解かれている状態だ。仕事に就けないので収入はない。ケガや病気で病院に行けば、無保険なので高額の請求をされる。いつ入国管理局に収容され、強制送還されるかもしれない不安と無権利の厳しい監視下で、どうやって生きていけというのか。

沈黙するアウンサンスーチー

2015年11月、軍事政権から民政に移管したミャンマーで、初の総選挙がおこなわれた。ノーベル平和賞受賞者で民主化活動家のアウンサンスーチー率いる野党「国民民主連盟（NLD）」が与党に勝ち、歴史的な政権交代となった。

このときを、ロヒンギャはずっと待ち望んでいた。軍の流れをくむ与党に長年抗ってきたアウンサンスーチーの勝利は、自分たちの権利回復をもたらし、迫害が止められると期待していた。

ところが、アウンサンスーチーはロヒンギャ迫害については沈黙しつづけた。ロヒンギャへの虐待、虐殺は、深刻さをましていった。ミャンマー軍の最高司令官は、ロヒンギャの存在を認めず、公けに差別憎悪煽動をおこない、大規模な「ロヒンギャ掃討作戦」を実行する。

それが、世界中に報道された2017年8月のロヒンギャ民族虐殺事件である。命を脅かされてバングラディシュにのがれたロヒンギャは70万人をこえ、難民キャンプでの受け入れは、支援が追いつかない状況だ。

私は、ロヒンギャの人々と交流することで初めて、かれらがうけている差別の過酷さを知った。困難ではあるが、誰かがとりくまなければ、ロヒンギャは命の危険に脅かされ、このまま涙を流しつづけなければならない。

「絶対にロヒンギャの権利回復はできると信じている」

アウンティンは、私に不撓不屈《ふとうふくつ》の闘志をおしえてくれた。

人権活動家の名に恥じるアウンサンスーチーにたいし、2018年、国際的な人権活動機関のアムネスティ・インターナショナルは、2009年にスーチーに授与した「人権賞」をはく奪したと発表した。人権の根幹には、あらゆる差別を許さないスピリットがある。

***ロヒンギャ**　ロヒンギャ迫害問題に揺れるラカイン州（隣国バングラディシュと国境を接する）には、古く仏教徒とイスラム教徒が共存していた。第二次大戦中に日本軍がビルマを占領、ビルマ人仏教徒を支援して、英国への独立闘争をしかけた。対して英国は、インドからイスラム教徒主体の軍を投入。ビルマの支配をめぐる英国と日本の戦いが、仏教徒vsイスラム教徒の宗教戦争になり、憎悪を生みだしたともいわれている。現在、ミャンマー政府はロヒンギャを「不法移民」と位置づけ、自国民と認めず移動も許さない。

*法務省入国管理局統計によれば、2014年に5000人の外国人が難民申請をしたが、認定されたのはわずか11人、15年には7586人が申請し、認定者は19人、16年には10901人が申請し、認定者は28人、17年には19628人が申請し、認定者は19人である。

5章 愛国とは日本の負の歴史を背負うことだ

沖縄・高江で　ヘリパッド基地に反対する

沖縄での闘いからみえてきたこと

男組　国家権力による沖縄差別との闘いへ

２０１６年6月、ヘイトスピーチ解消法が成立施行されると、男組組長の高橋直輝は宣言した。

「これから男組は、沖縄の米軍基地問題にとりくむ」

現在、日本国内には米軍基地施設が１３０以上も存在している。しかし、その70パーセントが、わずか日本の国土面積の0・6パーセントを占めるにすぎない沖縄に集中している。

これは世界的にみても異常な事態だ。

歴史をかえりみると、明治政府は、琉球王国を１８７９（明治12）年に強行的に併合し、第二次世界大戦末期の沖縄地上戦では本土の捨石にして、沖縄県民を含む約20万人が犠牲となった。

敗戦とともにアメリカの管理下におかれ、１９５２（昭和27）年4月28日、本土はサン

国家を相手に闘えるか　高橋直輝長期拘留の意味

反対運動を無視して、高江米軍ヘリパッド建設を強行しているのは、日本政府だ。

しかし、問題の根っこには、戦後日本の歴代政権が、傀儡《かいらい》としてアメリカに従属している実態がある。

さきの大戦で沖縄は捨て石にされ、たいへんな犠牲を強いられ、その上に米軍基地の大半を押し付けられている。本土が沖縄をないがしろにしてきた歴史を直視し、あきらかな不平等条約である日米地位協定を改定し、沖縄の主権回復のために連帯しなければならないのだ。

高橋直輝は沖縄差別に抗い、国家権力を相手に立ちむかっていった。

だが、その相手は日本政府、そしてバックにいるアメリカだ。在特会と闘うような手法では、徹底的に弾圧されてしまう。

高橋は、防衛局職員に暴力をふるったとでっち上げられ、逮捕された。

ヘイトスピーチのカウンターで逮捕されたときは、罪を認めて一日も早く出所できるよう救援したが、沖縄での米軍基地反対運動の場合はことなる。

逮捕された件については、一歩も引かずに徹底的に裁判闘争をして抗う。

通常なら、20日間程度の拘留で出所する案件であるのに、いつまで経っても高橋は釈放されなかった。一度、高橋を拘束した国家権力は、決して塀の外に出そうとはしなかったのである。

権力の側からみるならば、高江米軍ヘリパッド建設に反対して、果敢に運動にとりくみ、本土と沖縄をつなぐ役目を果たす男組・高橋直輝という存在は、どうしても塀の中に閉じ込めておかねばならなかったのである。

高橋直輝の死

2017年4月、本当に微罪であるにもかかわらず、199日という異例の長期にわたって拘留された高橋直輝は、800万円という高額の金を積み、約半年ぶりに保釈された。那覇拘置所前には多くの人々が駆けつけ、かれを拍手で出迎えた。

沖縄や東京では、出所祝いが盛大に開かれた。高橋は朝まで熱く沖縄差別について語っていた。

その後、高橋は、当面の課題として生活の立て直しに専念する。長期拘留のせいで体調にも異変がおきており、病院通いをしていた。そして高橋は、男組のメンバーたちと話し合い、説得されて、男組の解散を決定した。

しかし、事態は急変する。

保釈中の高橋に、反差別運動界隈の女性に、過去におこなったセクハラ事件が浮上した。

「セクシスト！」

「活動以前の問題だ！」

高橋のようなアウトローが社会運動をしていれば、こうした問題がでてくるのは避けられなかった。セクハラ事件をめぐって、みずからが組長をつとめる男組メンバーをはじめ、反差別運動界隈から批判され、沖縄の運動体からも距離をおかれた。さらには金銭面の問題もでてきた。このことにより、カウンターメンバーの信頼も揺らいだ。

高橋は、社会運動から決別した。被害をうけた女性には謝っても許してもらえないだろうが、せめてものケジメであった。

2018年3月、高橋は執行猶予付きの有罪判決をうけた。刑務所行きの実刑判決は免れた。

しかし、7カ月近い長期拘留と、拘置所を出たあとにおきた大バッシングから、心身共にボロボロとなり、病気療養中のところ、容態が急変。同年4月、不帰の人となった。享年45歳。

私とともに男組など結成しなければ……そう思わない日はない。

あまりにも早過ぎる旅立ちだった。

『沖縄タイムス』は、「添田充啓（本名）さんが死去　高江ヘリパッド建設に反対」との追悼記事をのせた。沖縄の米軍基地反対運動の象徴的存在であり、ともに獄中生活を送った沖縄平和運動センター議長・山城博治《やましろひろじ》＊さんは、つぎのようにコメントした。

「権力に目を付けられ、つぶされた。彼が愛した弱き者、差別される者に未来があるよう、私たちが頑張ることが遺志に応えることになる。」

沖縄差別と闘い、国家権力に抗した高橋直輝は、長期拘留によってつぶされたのである。

＊山城博治　1952年生まれ。沖縄・具志川市にうまれ、高校在学中から、米軍基地に反対し、米軍の暴行に抗議を続ける。沖縄平和運動センター議長。ヘリパッド建設反対行動のさなか、山城さんも高橋とともに逮捕され、公務執行妨害と傷害・器物損壊に問われ、長期拘留され、有罪判決をうけた。

愛国とは日本の負の歴史を背負うことだ

ナヌムの家――元日本軍慰安婦を訪ねて韓国へ

在特会などレイシスト団体と対峙し、路上で激しくぶつかり合うなかで、私は、ヘイトスピーチで攻撃され、差別をうける側の在日コリアンとかかわるようになっていった。

それまでの私は、在日コリアンが日本で暮らしている歴史的経緯についてよくわからないでいたが、日本がかつて朝鮮半島を植民地支配した歴史的事実から、在日コリアンが被る差別の現実を、すこしずつ理解するようになった。

「右翼が過去の植民地支配を正当化するのがほんとうに許せない」

私は一水会の木村三浩代表の薫陶をうけ、活動家としての所作や立ち振る舞いをまなび、自分で人脈をつくり、交渉などもできるようになっていた。

そのころに知り合った人が、臼杵《うすき》敬子《けいこ》だった。

ながらく元慰安婦支援をしている臼杵から、日韓の歴史を教えてもらった。

臼杵敬子は、1991年に日本軍の慰安婦にされたと名のりでて、日本政府に謝罪と補償を求め提訴した韓国人の元慰安婦、金学順（キム・ハクスン）さんの裁判「アジア太平洋戦争韓国人犠牲者補償請求裁判」の支援者である。そして、元慰安婦の償《つぐな》い事業として1997年に創設された「女性のためのアジア平和国民基金」や、外務省関連の「フォローアップ事業」など、国内で慰安婦問題を中心的にとりくんできた一人である。

臼杵にまなんでいくうちに、私は、元慰安婦のおばあさんたちに直接お会いして、お詫びの気持ちをきちんと伝えたいと思うようになった。

「日韓合意」（日本軍の従軍慰安婦問題を最終かつ不可逆的に決着させる日韓政府間合意）が結ばれたのは、2015年末。これをふまえ、日本政府が10億円拠出して「和解・癒《い》やし財団」がつくられた。

しかし、日韓合意は真の解決ではない、日本政府は植民地支配の過去を反省せずにきたとして、その破棄をもとめる動きが韓国ではつよく、被害者や支援団体と、両政府は折り合わない。

結局、和解・癒やし財団は、2019年に解散した。

現在も、韓国内をはじめ世界中にあいついで慰安婦像が設置され、元徴用工問題もくわわって日韓関係は悪化し、慰安婦問題の解決の糸口はみえていない。

「元日本軍慰安婦のおばあさんに会わせてください」

2016年8月5日、私は臼杵敬子とともに、韓国に飛んだ。

元日本軍慰安婦のおばあさんたちが共同生活を送る「ナヌムの家」を訪問させてもらうためだ。韓国の元慰安婦の平均年齢は90歳近い。毎月のように誰かが亡くなっている。

ナヌムの家は、韓国の首都ソウルから、車で約1時間半かかる京畿道廣州市にある。訪問すると、元日本軍慰安婦の二人のおばあさんが、リビングの椅子に座っていた。

おばあさん二人は、私を真剣な表情でみつめる。

緊張で身体が硬直し、汗が噴きでる。心を決め、私は言葉をしぼりだした。

「私は戦争を知らない世代ですが、日本は悪いことをしました。申し訳ない気持ちです。日本が歴史ときちんと向き合い、おばあさん方の心の傷が少しでも癒えるようにし、名誉回復をしなければならないと思います」

臼杵敬子が通訳してくれた。

複雑そうな表情で私をみていたおばあさんの一人が、優しい笑顔で答えた。

の姿ばかりだ。

2017年5月4日、平壌国際空港に到着すると、テレビや写真でしか見たことのない軍服姿の北朝鮮の軍人がいた。

空港に私たちを出迎えてくれていたのは、対文協の桂成訓（ケェ・スンフン）課長と朴賢星（パク・ヒョンソン）局員だった。対文協は「朝鮮対外文化連絡協会」の略で、北朝鮮を訪れる日本人の対外窓口として知られている。二人とも、日本人以上に日本語の微妙な言い回しまで理解し、朝鮮語ができない私でも、なんら支障なく会話ができる。

今回の訪問では、拉致問題や日本人墓地、遺骨問題について、北朝鮮の朝鮮労働党関係者や、日本研究所、朝鮮外務省と意見交換をすることになっていた。

宿泊先の普通江（ポトンガン）ホテルへ向かう道すがら、バスの車内から、初めて北朝鮮の景色をみた。

日本のテレビで流れる映像とはまったくちがっていた。

高層ビルや高級マンションが立ち並び、街にいる人々は皆オシャレで、歩きスマホしている人もいて、カップルが仲むつまじく手をつないで歩いている。家族連れででかけているのだろうか、子供がはしゃいで走り回っている。痩せこけた人や飢えている「人民」は、見当たらない。

日本メディアが報道する軍事パレードやマスゲームでみる、統制された自由のない北朝鮮はどこにあるのか。良い部分しかみせられていないのかもしれないが、私たち日本となじように、人々が当たり前に生活を営んでいたのだ。

ホテルに到着して、対文協の孫哲秀（ソン・チョルス）局長とお会いした。金丸信元自民党副総裁、石破茂元防衛大臣とやり取りしてきた孫局長は、眼光鋭く、生死の修羅場をくぐってきた人間特有の、鉛のような瞳をしている。

「日本が米国追従の姿勢を改善しなくては朝日間の様々な問題は解決しない」

と厳しい指摘をしつつも、

「山口先生が、日本国内でヘイトスピーチ反対や反米闘争をしていることは評価します」

と、私がとりくんでいる活動を支持してくださった。政治的立場にある人の発言には、それ相応の責任がともなうもので、お世辞ではないだろう。米国従属体制脱却とヘイトスピーチ反対。北朝鮮の愛国者と私の思想は、一致したのである。

翌日は、朝鮮革命博物館を見学させてもらった。平壌外国語大学の日本語学科を卒業したばかりという若い女性が案内してくれた。

日本の植民地統治時代から、どう建国をなしとげたかを解説してもらう。自身の国がしでかした悪の所業を、ひたすら耳にするのはつらい。日本の愛国者としては、負の歴史を背負わなければいけないのだろうが、複雑な思いでいた。

対文協の朴賢星局員は、私の目をじっとみていった。

「朝鮮は、怒り、悲しみ、恨みの国です。もう二度と国を奪われないという、そういう気迫がある。平和を破壊せんとする米国には絶対に負けない」

この時、北朝鮮がなぜ軍事力にこだわるのかが、少しだけわかった気がした。

1910年の韓国併合で、人も、土地も、奪いつくされた。1945年の日本降伏でようやく解放されたと思ったら、今度は南北に分断され、自分たちはアメリカに脅かされている。

北朝鮮は、トランプを相手に、なんとか国家の存続を確保しようと駆け引きしているのだ。

日本では誤解されているが、やみくもに軍拡しているわけではない。

北朝鮮は戦争中（休戦状態）なのだ。戦時中の日本も、厭戦的なことばを口にすれば、「非国民」呼ばわりされ、迫害された。日本があしざまに北朝鮮を嘲《わら》うことはできない。北朝鮮は必死なのだ。

夜は、朝鮮外務省の崔進革（チェ・ジンヒョク）職員と、朝鮮外務省の研究機関・日本研究所の崔光明（チェ・グァンミョン）上級研究員と会談。日本研究所は、対日政策を研究するシンクタンクのような機関だ。日本の植民地支配を経験していない世代が国内でふえるなかで、日本について正しい認識をもつことを目的として2016年に設立された、

崔進革職員と崔光明上級研究員は、インテリ特有の冷静沈着な面持ちで、私を観察するような目でのぞき込む。

「対日関係については、両国間の不幸な過去の清算が必要で、ストックホルム合意は、日本が我が国への独自制裁によって合意内容を一方的に放棄した」

と、はじめに釘を刺された。

「日朝関係改善には日本の独自制裁の解除が必要であり、日本政府が対朝鮮敵視政策を転換するなら、両国間の懸案事項解決にとりくむ用意がある」

つまり、過去に小泉総理と金正日国防委員長が署名した「日朝平壌宣言」にもとづく国

交正常化交渉が、拉致問題の進展に不可欠というわけだ。

だが、現在の安倍総理は、圧力一辺倒の路線である。拉致しておきながら被害者を返さないと怒るのは至極当然の感情だが、日本に植民地支配された北朝鮮側は、それ以上にひどい目にあわされたと考えている。

「懸案進展のために、日本国内で朝鮮との友好を主張し、日本政府の対応を変えるために、いっそう努力していく」

と、私は答えた。対話のテーブルにすわり、双方の言い分が通るような話し合いを積み上げていくことが大切なのではないか、そうつよく思っていた。

訪問3日目、平壌郊外の龍山墓地にむかう。そこには、日本敗戦後に旧満州や朝鮮北東部から平壌に避難して亡くなった日本人（2421名）が眠っている。北朝鮮は日本人遺骨のために土地を提供し、管理をしてくれている。

遺骨問題はイデオロギーをこえた人道問題である。ところが、日本政府は、遺族捜しにも遺骨収集にも、積極的にとりくもうとしていない。

日朝関係改善の道筋はみえず、日本人遺族も高齢化し、訪朝するにも膨大な費用がかかるため、墓参りができていないのが現状だ。今後、龍山墓地がどうなるのかが、危惧されている。

私たちは、龍山会の佐藤知也会長の発声で、お供え物をささげ、合掌し、黙祷した。

その日の夕食会では、薬味がたくさん入ったスープなどの朝鮮料理をかこんで、対文協の方々と、龍山墓地について意見交換をした。

訪問4日目、平壌から遠く離れた板門店（パンムンジョム）にいく。

韓国軍と北朝鮮軍がむかいあう姿をまじかにみて、朝鮮半島を南北に分断した日本の責任を痛感した。夕方にホテルにもどる。私たち一行は、翌日は日本に帰るので、今日が最後の夜だ。北朝鮮の方々へのお礼とともに宴会をもよおした。

5月8日、有意義な訪問を終えて帰国。私たちの訪朝はメディアでも報道され、ネット上には、大量のバッシングが書き込まれていた。

「朝鮮の手先」

「人質にされたらどうするんだ」

「工作員」

「遺骨ビジネス」

その後、北朝鮮で体験したことを話すたびに、私は揶揄され、批判された。

「良いところだけ見させられたんだ」

「北朝鮮に取り込まれた」

「洗脳されて帰ってきた」

だが、バッシングは気にならなかった。今回の訪問で、日朝関係に肯定的な変化がおきたわけでもないが、私は不思議と落ち着いた心境だった。

いまは結果をだせずにいるが、自分のやるべきことが、たしかにみえていると感じていた。

今後は北朝鮮とのあいだに深いパイプを作り、日朝間に横たわる問題の解決にとりくむ決意をあらたにした。

還る日をもとめて——北朝鮮に眠る日本人遺骨

2018年4月の歴史的な南北首脳会談、つづく6月には、史上初となる米朝首脳会談がおこなわれた。

7月18日、私は、永田町の参議院議員某議員事務所を訪問する。

終戦前後に、いまの北朝鮮地域で亡くなった日本人の遺骨が日本に帰国できるよう、外務省と厚生労働省の職員と面会し、早期解決をうったえる要請文を手交するためだった。

でヘイトクライムや差別事件がおこっている。

排外主義とファシズムが社会を覆《おお》っている。

そのなかで、われわれはどう生きるのか。

マルコム・Xやキング牧師が黒人の公民権運動を展開し、黒人の権利を勝ちとったように、国家権力にひるむことなく、闘うしかない。

どうしようもなく生きづらい社会なら、反逆すればいい。

善人面して収奪する権力者には、抗えばいい。

理不尽な要求をしてくる上司には、文句を言えばいい。

ろくでもない旦那や彼氏がいたら、思い知らせてやればいい。

マイノリティを傷つける差別主義者がいたら、叱り飛ばせばいい。

そんなことは人として当たり前の感情であるはずだ。こむずかしい理屈はいらない。清廉潔白な人間でなくても、自身のために、世の中のために実践すべきなのだ――知行合一。

仕事と恋愛、家庭を大切にし、将来の蓄えをし、自身の生活を何よりも安定させなければならない。悔しい想いを抱えながらうごけないこともあるだろう。表立って闘えない人がいるからこそ、立場など関係なく闘えるアウトロー的な人間も必要なのだ。

今日も日本社会の至る場所でヘイトスピーチが叫ばれている。

テレビをつければ、ワイドショーのコメンテーターが韓国人にたいするむき出しのヘイトスピーチを公然と口にしている。

飲食店に行けば、

「韓国人は劣等民族だ」と自信満々にヘイトスピーチをする者がいる。

電車に乗れば、

「ガイジ（障害者に対する差別語）には乗ってほしくない」と冷笑しながらヘイトスピーチをする人間がいる。

そのとき、われわれはどうするのか。見て見ぬふりをするのが世渡りのあるべき姿なのか。

答えは否であるはずだ。

現代日本の、希望のみえない時代を切り拓くのは、われわれだと信じている。

〔対談〕

安田浩一×山口祐二郎――右翼とネトウヨ、なぜ結びつく？

安田浩一（やすだ　こういち）

ノンフィクションライター。1964年、静岡県生まれ。『ネットと愛国』で2012年講談社ノンフィクション賞受賞。外国人労働者の隷属労働やヘイトスピーチ問題を取材。近著に『「右翼」の戦後史』『団地と移民』『愛国という名の亡国』。

在特会と既存右翼がつながっていく

安田　山口さんと初めて会ったのは2010年。横須賀で、統一戦線義勇軍の針谷大輔さんと街宣されていました。「右翼を名乗っている桜井誠や排害社の金友をどう思いますか？」と、僕が聞くと、「あんなのが右翼だったら、僕は右翼やめてやる」と、山口さんは吐き捨てるように言ったんですよね。あのときの言葉が、僕には非常に印象に残っているんです。

山口　いま、既存右翼は、在特会などのヘイトデモ隊とセットで動き、抗議するカウンター側に暴力をふるうという構図になっています。

在特会があらわれた当初、既存右翼と在特会はすみわけができていた、もしくは在特会と関係をもつことを躊躇していました。それを大きく崩したのは、全愛会議の桂田智司（本書8頁参照）さんです。京都朝鮮学校襲撃事件をおこした「チーム関西」（本書35頁参照）と彼がつながった頃から、既存右翼がヘイトスピーチをする勢力に加担するようになった。2013年くらいからですね。

安田　僕も右翼と在特会との関係を追っていたんですが、2012年、新宿ルノワールで、大日本朱光会の阿形充規《あがたみつのり》さんはじめ、右翼のそうそうたるメンバーの会合がありました。そのときのテーマが「在特会とはなんぞや」で、「在特会が色々やっているけど、いったいあれは敵なのか味方なのか」という議論でした。

僕は末席で聞かせてもらっていたのですが、そのとき、若手メンバーたちが「今、ネットを中心に集まっていて『朝鮮人、死ね、殺せ』みたいなことを言っている。われわれの運動とは違う」ということを明確に言うわけです。
それに対する、阿形さんをはじめ右翼の大御所たちの反応が、僕にはいまいちのように感じてしまった。なぜかというと、おそらくネットをそれほど把握していないと思われるので、「何だかよくわからんな」「ネットを中心にゴチャゴチャやっているヘンな奴らだ」という認識でした。この日の会合で明確な結論が出たわけではなかったけれど、在特会を肯定する人は一人もいなかったことを記憶しています。

山口　その後、在特会が新大久保で差別デモをした2013年、阿形先生は「なんだ、こいつら」というふうに腕を組んで、にらみを利かす側にいました。

安田　じっさいに在特会が新大久保のど真ん中でヘイトデモをしなくなったのは、カウンターの力や警察の圧力もあるんだけれども、一方で既存右翼の圧力があった。新大久保はヤクザのシマでもあったし、「ここで騒ぐな」と圧力をかけたという話も耳にしました。
2013年くらいまでは、既存右翼は在特会について、少なくとも仲間あるいは味方とは思っていなかったことは間違いないと思います。在特会が敵か味方かわからなかった人

安田浩一　ヘイトデモに抗議するシットインのなかでカメラを構える

もいたと思いますが。

ところが、山口さんがいったように、全愛会議の幹部だった桂田さんが、「チーム関西」のヘイトデモや集会に顔を見せるようになって、いわば〝ケツ持ち〟的に全愛会議のメンバーがヘイトデモに姿を現すようになった。そこから風景が違って見えてきたと思います。

鶴橋のヘイト発言

安田　2013年、鶴橋の差別街宣で、少女が「鶴橋大虐殺」なる演説をしました。少女のヘイト発言は衝撃的でしたし、日本のみならず世界的に報道されましたが、その少女の父親が桂田さんです。僕はその発言があった直後に、桂田さんに電話をしているんです。

「鶴橋での娘さんの発言を許容するんですか？　差別と偏見以外の何物でもないでしょう」と僕が言ったら、桂田さんが電話口で怒りだして、「なんの間違いがあるんだ、（娘が）言っていることのどこに間違いがあるんだ、正しいじゃないか」と、僕と口論になったんですね。このとき僕は、全愛会議の桂田さんは、在特会的なものと一体化しているんだな、在特会となんら温度差なく付き合っているんだな、という実感をもったわけです。

以来、様々なヘイトデモで、既存の右翼団体の姿を目にするようになった。隊服を着た連中が桜井誠を守っていたり、ヘイトデモの後ろをくっついて歩く風景を見るようになった、そんな状況が始まってきたんじゃないかと思います。

編集部　鶴橋で少女は「ここで南京大虐殺をやりますよ」といったわけですが、よく考えてみれば、既存右翼は「南京大虐殺はなかった」と言っている。とすると、つじつまが合わないですね。

山口　そうなんですよ。本にも書きましたが、在日コリアンが多く暮らす川崎の街で、在日の人々にたいするヘイトスピーチがおこなわれています。これに抗議していた憂国我道

「男・野村秋介」という美学に魅かれているんじゃないかな。あえてうがった見方をすれば、反差別は金にならない。右翼は情で動くという人もいるが、じっさいは金儲けの手段として右翼活動がおこなわれていたこともあった。商法改正の前には、雑誌で企業スキャンダルを左翼に書かせて金にしていた時期もありました（『現代の眼』など）。1990年代までは、組合潰しに右翼を導入していた経営者もいましたね（書泉グランデ）。大きくいうと大資本にぶらさがっていたというのは否定できないでしょう。

山口　いまはもう、右翼の力を借りなくても労働基本権そのものが踏みつぶされている状態ですからね。

ネトウヨが組合弾圧に使われる時代

安田　2018年の関西生コン組合（連帯ユニオン関西生コン支部）の弾圧に、経営側がひさびさに右翼を使って弾圧してきたのですが、登場したのは、右翼は右翼でもネトウヨだった。これは右翼の変遷というか変質という意味で大きいと感じます。関西生コン組合も、もともと腕っぷしの強い人も多いわけで、それに対して「○○会」みたいな右翼が組合潰しに来たならば、力と力の対決だからガチで勝負できたわけです。ところが、今回、組合が手こずったのは、相手がネトウヨだったことです。

山口　瀬戸弘幸ですね。生コン組合を攻撃するのに瀬戸が使われました。

安田　瀬戸らネトウヨの巧妙なところは、ネットを使うというだけじゃなく、「関西生コンは怖い、北朝鮮の手先です」とユーチューブで拡散して、ある種、世間の空気みたいなものを味方にするのがうまかった。

山口　朝日新聞阪神支局襲撃にかんする容疑で調べられたといわれている瀬戸弘幸ですが、ネトウヨのあいだでベテラン右翼として重宝されています。瀬戸や桂田にしても、そもそも既存右翼のあり方に疑問を抱いてきたわけです。本書3章に書きましたが、僕と仲の良かった右翼仲間は、ネトウヨに可能性を感じていったわけで、既存右翼の大御所たちも、だからこそ排外主義に同調していくわけです。

安田　朝鮮学校襲撃のあとで桂田さんは、既存右翼について「右翼は行動しないからダメだ」と言っていたけれど、桂田さんのいう行動とはつまり、在特会のように「ダメージを与えられる」ということであるわけですね。

山口　既存右翼にも行動力のあるカリスマ的な人はいます。でも新大久保での在特会のヘイトデモに、僕らが抗議のカウンターをしていると、注意してくるんですよ、在特会にではなく僕に。「街に迷惑だ」と。だから僕は「怒る相手が違うんじゃないですか。韓国人や在日コリアンに対して排外主義を叫んでいる在特会におっしゃるならわかりますが」と言ったんです。そしたら「差別はよくないよな」といって不機嫌になるんです。それで僕は、深い失望感をもちました。阿形先生は、じっさいに新大久保のヘイトを止められたわけですが、かつては、右翼もヤクザも、在日コリアンに対する差別はしなかった。部落差別もしなかった。もっとはっきり言うと差別はしない。ところが、いまは露骨でしょう。

安田　右翼もヤクザも差別をシノギ（金儲け）の手段にはしなかった。そこはギリギリあったと思います。

山口　いまはもう振り切れてしまいました。もともと右翼が日本をよくしているのかといえば僕は疑問なんですが、昔は、敵は共産主義勢力で、「反共の防波堤」として活動するという大目的がありました。1990年のソ連と社会主義世界体制の崩壊で冷戦構造が消滅し、その後の活動に展望をもてなかったがために、市民の顔をした活動が巧みな在特会に、可能性を見いだしてしまった。

編集部　どうみてもコワモテじゃないですよね、ネトウヨは。いま在特会は、力をもっているんですか？

日本社会を覆う差別・排外主義

安田　在特会という組織だけをみればほとんど活動していません。主要部分は日本第一党に移っていて、かれらは街頭の選挙演説でいろいろなことを言っています。ヘイトデモで「外国人は死ね、殺せ」というよりは、選挙戦で「生活保護費が外国人に奪われている」「不正に受給している外国人を叩き出せ」と言う方が、よっぽど波及力がありますよね。

ただ僕は、日本第一党より、日本社会全体が排外的になっている状況のほうが心配です。「朝鮮人、いないほうがいいよね」なんて言う人がそこら中にいるようになったことです。

山口　居酒屋でも多いですね。

安田　スーパー銭湯にいくと、隣の人がお湯につかりながら「朝鮮人がね…」なんて話している。ヘイトデモ隊の罵詈雑言を横で聞くより、背中の筋肉がこわばります。つまり、在特会はほとんどもう活動していないんだけど、在特会という組織がいらないくらいに、ヘイトが世の中に浸透しているわけですよ。僕はそのことの方が怖い。在特会が言っていることを、百田尚樹ら著名人が、ふつうにテレビやツイッターの中で言ってくれるわけです。

山口　わざわざ街頭にでて、カウンターに怒鳴られながらヘイトを言う必要はないわけです。自民党の地方議員だってヘイトのツイッターをしますし、群馬ではヘイトを書き込む立憲民主党の市議会議員さえいますから。

安田　ワッペン付けてヘイトを叫んでいる奴の胸倉をつかむことはできるけれども、手の届かないところでヘイトをやっている人は少なくない。

山口　おなじネトウヨでも二つに分かれていくと思うんですよ。選挙で議会に進出して、政治路線にシフトしていくレイシストと、街頭で隊服を着て荒っぽくヘイトを叫んでいくレイシストに。僕を襲撃した既存右翼などは、後者の路線に行くんだろうと思います。

極右政党とネトウヨ、近づく右翼

編集部　これまで既存右翼の中で政党をつくって政治家になろうとした人はあまりいませんね？

山口　赤尾敏さんが個人として選挙に出馬していますが、基本的に右翼活動家は選挙にはあまり出てきませんでしたね。

安田　桜井誠の日本第一党の前に、極右的な思想をかかげた政党ということでは、維新政党・新風がまずあげられます。同党は事実上、解体状況にありますが、創設者の魚谷さんに聞くと、瀬戸や鈴木信行をはじめ、ネット右翼がどっと入ってきて、東京本部が乗っ取られて、魚谷さんが除名されて、また逆に、魚谷さんが鈴木信行を除名するなど、内紛がくり返されたわけです。

新風の前には「青年自由党」という組織が全国的に活動していました。盛岡で東日本ハウスという企業を経営し、一時期は銀河高原ビールを売り出すなど資金力をもっていたんですが、「今の自民党は容共的すぎる」といって政治活動をはじめて、地方議員をだしています。

山口　レイシストの鈴木信行は葛飾区議会議員で、「日本国民党」の代表です。そこにいま、川東大了もいるわけです。いっぽう既存右翼は、すごく人数が減っています。木川先輩（本文228頁参照）は大行社を離れましたし。ネトウヨにいく人を見ていると、やはり居場所をもとめている人が多いですね。ヘイトデモにしても、その後の宴会にしても「楽しい」と言ってますから。幸福実現党も反中嫌韓にシフトして若い人が入っているようです。勝共連合（統一教会）にもネトウヨ化した若い学生グループがいます。それから、『朝

僕が野間さんと初めて会ったのは、２０１０年。路上でヘイトデモをはじめた在特会に対するナショナルフロントのカウンターの現場です。笠哲哉さんと室岡徹郎さんは身体を張って、ヘイトスピーチを止めようとしていた。メンバーではなかったと思いますが、そこに野間さんがいました。

小林　その当時、在特会の差別街宣に抗議するカウンターは少なかった？

山口　ほとんどいなかったですね。本書(46頁)でふれたオタク・オブ・アンティファア(ＯｏＡ)の人たち、あとは旧左翼の人たちくらいでした。人数が少なかったので、すぐ排除されてしまい、とくに効果的な抗議行動はできていなかったと思いますね。

小林　ネット上では、２０００年ころから匿名掲示板2ちゃんねるなどのスレッドで、被差別部落や在日コリアンに対する差別的な書き込みが目立つようになりましたが、既存の社会運動団体は、本腰を入れてとりくむことはしてこなかった。つまり、「ネットで騒いでいるだけ」で、「ネットは社会的に影響力をもつ公共的な空間ではない」という認識の人が多かった。もちろん、何とかしないといけないという声はあがっていましたが。

ネットに出るホンネ

小林　２０１７年には「ニュース女子」（ＴＯＫＹＯ ＭＸテレビ）の、沖縄米軍基地に反対する住民への差別報道事件もありましたが、従来のテレビや新聞、出版メディアの場合は、基本的にチェック・審査・考査が入るでしょう？　ところがネットにはそれがない。

山口　むき出しの本音がそのまま流されるわけです。たとえば、２０１９年に発覚した長谷川豊の部落差別発言は、みずからネット上にアップしたものですよね。鳥取ループの宮部龍彦は、いまもネット上で好き放題、差別をまき散らしています。

小林　部落差別煽動ですよ、あれは。解放同盟の中央本部はネット上のヘイトスピーチへの具体的な対応策をとってこなかった。いまは、ヘイトスピーチにたいし、きちっと対応している解放同盟の県連もあります。

山口　いまではネットが公共圏で確固とした位置を占めるようになってきていますから。

水平社博物館前の差別街宣

小林　ネットが新聞やテレビとおなじ公共圏になっているにもかかわらず、解放同盟をはじめ、既存の社会運動団体は手をこまねいていた。そこへ２０１１年1月、水平社博物館前での差別街宣があったわけです。衝撃だったのは、あれほど酷い部落差別煽動にたいして、何もできなかったことです。

山口　何かできなかったのでしょうか。川東が来ることがわかっていたなら待ちかまえて……

小林　事前に「何もしないでくれ」と奈良県警からいわれていたということ。だからといって、川東大了の部落差別煽動に抗議しないなんてありえますか？「差別を許さない」と、差別者に対峙して声をあげる、物理的に身体を張って止める根性もなくなっていたわけで、裁判所に訴えるのは、次善の策です。

山口　現実的に、ヘイトを止めるという行為には、何らかのトラブルになる可能性があります。ヘイトをうけた被害当事者が裁判で提訴するのは一つの方法ですが、まず、差別がおこなわれている現場で抗議して、止めることから始めないとだめでしょう。

小林　差別表現に抗議する、相手が応じなければ直接会いに行く。これまで部落解放運動がおこなってきたことです。ただし、同盟が抗議する差別表現というのは、無意識のうちに表出した差別表現だった。ほとんどは意図的に部落差別をしてやろうとするものではなかった。ところが、水平社博物館前での川東の差別街宣は、確信犯的に部落を貶めようとするものだった。はっきりいって、川東大了みたいな奴は、それまで表に出てこられなかったわけです。

部落解放同盟と差別糾弾

小林　正直、私の感覚でいうと、差別者を裁判で訴えるというのは最後的な闘い方ですね。たしかに裁判になった件はありますが、それはむしろ、悔い改めない差別者を怒りに任せて糾弾したとして、こちらが訴えられたときです。

山口　解放同盟の糾弾によって抗議をうけた相手はみんな、即座に謝罪するんですか？

小林　いや、居直る人や団体もいますよ。タマスという卓球用具販売会社発行の『卓球レポート』に、「スポーツ界は特殊部落だ」という典型的な部落差別表現がありました。

こちらが話し合いをもとめ、抗議したら、タマスは法務局に駆け込んだ。すると法務局は「解放同盟との話し合いに応じる必要はない」といったわけです。それでタマスは居直った。

そこで当時の解放同盟の糾弾闘争本部がだした方針は、タマス本社前での抗議デモと集会です。ふだん穏やかな杉並区阿佐ヶ谷で300人の同盟員がデモするわけだから、杉並警察もなれてなかったらしく、オロオロしていました。それでも居直るタマスにたいし、学校体育協会に行き、差別企業タマスへの制裁を訴えるなどの抗議行動をおこなったわけです。協会がタマスの卓球用品を扱わないと決めたために、急きょタマスは話し合いに応じ、謝罪しました。

山口　露骨に部落差別する奴と、小林さんは会ったことありますか？

小林　一度あります（笑）。１９８５年ころ、神保町の交差点近くに建った新築ビルのテナント募集があって、当時私がいた解放出版社も入居を申し込んだ。不動産屋はオーケーしたんです。

ところがいざ、ビルのオーナーに会ったら、その人は私に面と向かって、「穢多がこのビルに入ってくれちゃあ、困る」と言い放った。そのオーナーは山口県出身で、丁稚奉公を経て苦労して、古書店街の絶好の地に新築ビルを建てたわけです。そのビルに穢多が入るとテナントの価値が下がると、臆面もなくいった。

つまり、ビルオーナーは、こちらが借りると他のテナントが入るのを嫌がって、ビルの資産価値が下がると考えたわけです。「差別の根底には生産性がある」という『被差別部落の真実』の著者・小早川明良《こばやかわあきら》さんの指摘は、まさに正鵠を射ていると思いますね。

結局、千代田区役所も入って、そのビルオーナーにたいする糾弾会になったわけだけど、そのときくらいですね、あんな露骨にいわれたのは（笑）。

差別表現と差別煽動のちがい

山口　「士農工商、○○」という言い方は差別表現にあたるわけですね？

小林　よく使われてきたのは、「士農工商、代理店」などといった表現。世間一般より貶められた存在として、自虐的に江戸時代の身分制（武士・平人・賤民）の賤民にたとえた差別表現です。ただし、そこに「部落民を差別してやろう」という意図はないわけですよ。「無意識に」「ついうっかり」表出してしまう。

ところが、川東が水平社博物館前で叫んだ「穢多・非人出てこい、お前ら人間なのか」という発言は、「うっかり」とか「無意識のうちに出た」ものではないでしょう。

山口　それまで川東のように、確信犯的に部落差別発言をする者はいなかったんですか？

小林　20数年前ですが、「○○は穢多・非人」と書いた紙を、自宅の窓から外にむけて貼りだしている人や、駅前の公道に紙を拡げた人はいましたよ。ところがかれらの日頃の様子を聞きあわせると、確信犯的というよりいわゆる〝変人〟だった。説得にも応じないし、

山口　裁判や法務省との交渉も必要ではあるんですが、第一に、現場での糾弾あってこそだと思いますが……。

小林　なぜこういうことになっているのか？　気づいたのは、「反差別」が「人権」になって、いつのまにか糾弾の思想がなくなったということだった。その法的表現が、大衆闘争抜きに自民党の二階幹事長や稲田朋美に頼みこみ、成立した「部落差別解消法」（2016年）です。じつは、この法律には、糾弾を否定した附帯《ふたい》決議*が付されているんです。

*附帯決議「一、部落差別のない社会の実現に向けては、部落差別を解消する必要性に対する国民の理解を深めるよう努めることはもとより、過去の民間運動団体の行き過ぎた言動等、部落差別の解消を阻害していた要因を踏まえ、これに対する対策を講ずることも併せて、総合的に施策を実施すること」

ヘイトスピーチは表現ではない

山口　しばき隊とか男組でカウンターをしていて感じるのは、みずからは何も行動しない旧来の左翼・右翼双方からの批判です。「もっと行儀よくできないのか」とか「横断幕をかかげて静かに抗議すべき」とか。しかしそれは、傍観者的評論家の言葉なんです。

小林　ヘイトクライム（差別的憎悪犯罪）の一形態がヘイトスピーチ（差別的憎悪煽動）です。カウンターが差別者に罵るのは、差別糾弾闘争なんです。男組の高橋組長がかかげた「非暴力・超圧力」では、怒声・罵声をおもいっきり差別者に浴びせるわけです。

ヘイトスピーチ規制法が論議されるなかで、専修大学の山田健太とか上智大学にいた田島泰彦とかは、「あらゆる表現の自由を認める」という立場から、ヘイトスピーチ規制に反対していました。

山口　でも、ヘイトスピーチは「表現」じゃないですから。「スピーチ」という英語だから「表現」という日本語に置き換えられてしまう。そうじゃなくて、差別煽動ですよね。

ヘイトスピーチ規制をもとめる集会で、辛淑玉さんが規制に反対する学者に、「じゃあ、身体的・精神的に苦痛と打撃をうけているマイノリティはどうすればいいのか？」と問うたとき、かれらは、何も答えられなかった。現場を知らない安全なところから物をいっている人たちだなと感じました。
じっさいに現場で差別に抗議してカウンターすれば、いろんなリスクがあります。顔がさらされますし、逮捕されて職を失うこともあります。僕や野間さんは、ナショナルフロントの笠さんや室岡さんが捕まるのをみてきましたし……。いまは弁護士の先生たちが、現場で積極的にサポートしてくれていて、ものすごく心強いです。

民族派右翼の反差別カウンター

小林　2013年9月の新大久保で、「なんじゃ、これは!?」と、いちばん驚いたのは、身体に刺青《タトゥー》を入れた若者らが、差別・排外主義のヘイトデモに抗議する姿だった。あの日、作家・宮崎学さんが、目の前で抗議行動しているカウンターに感嘆してこう言っていました。「誰が、どういう意志で、闘ってくれとるんか」と。

山口　僕らが新大久保で最初にはじめたのは「お散歩阻止」だったわけですけど、カウンターとして対峙するようになって、周囲からいわれたのは、在特会がこれに刺激されてさらに勢力を拡大するんじゃないかということでした。でも、こんな差別を無視するわけにはいかない。そういう判断で、思いっきりカウンターをすることにしたわけです。

そうして、カウンター参加者がどんどん増えていき、9月8日には、道路に飛び出し、シットインしてヘイトデモを止めようとしたわけです。とくに活動家ではない人が、道路に飛び出していくのをみた時は、僕もすごいなと思いましたね。

排外デモに抗議する　2014年

小林　シットインは道路交通法違反で逮捕される可能性もある過激な戦術です。ネット上で呼びかけて、カウンターは集まってくるわけでしょう。それで参加する人たちがシットインまでするというのはすごいよね。どこからそのエネルギーが沸いてくるのか。この現場にでてきているのは、マイノリティ当事者ではない人たちの方が、圧倒的に多いわけでしょう。

山口　やっぱり許せないという思いで集結していました。組織されていない、活動家ではない人たちが、個人の意思で参加してくるわけです。

小林　反原発運動に参加していた人が一挙に反ヘイトに？

山口　反原発官邸前抗議から来た人も一部はいますが、全部重なっているわけじゃありません。原発には賛成という人が、反ヘイトで参加している場合もあります。

愛国ってなんだ

小林　これは山口さんの本の主題でもあるわけですが、「右翼思想をもつ人が差別に反対するのはなぜ？」ということなんです。右翼思想をもっている人が反差別運動に敵対はしない、というのはわかります。ですが、ヘイトスピーチに抗議してカウンター行動までおこなうのは、従来の枠を突破していると思うわけです。戦後の右翼は親米反共だけど、戦前の右翼は「一君万民」のもと、日本人はすべて平等だと言ってきた。

山口　僕は「一君万民」だとか「一視同仁」という言葉の内容は、当時知らなかったんです。ただ、こんな差別を許して日本がよくなるわけがないということだけは、確信していました。論理じゃなくて直観です。

それは、男組組長の高橋直輝さんもおなじで、かれはいつも「差別は許さんという人が既存右翼の中にいないのはおかしいよね、」といっていました。

ですから、在日コリアンであることをカミングアウトしている町井久之（東声会トップ）の傘下の人間が、在日コリアンへのヘイトスピーチに抗議する僕らを襲撃するというのは、かれら自身の存在意義の否定になってしまいます。

小林　ふつうに考えると矛盾しているよね。

山口　それくらい右翼の質が劣化しているということなんでしょうか……。

小林　新右翼、民族派の人たちがでてきて「あらゆる差別を許さない」という基調になった。その基調は今後、右翼のなかに広まるかな？

山口　カウンターをはじめた２０１３年当時は、僕も孤独でしたが、木川塾長の花瑛塾が出てきて、沖縄米軍基地に反対し、関東大震災時の朝鮮人虐殺の追悼をしたり、ヘイトスピーチはよくないということを発信されています。ですので、どんどん広がっていくと思っています。

小林　民族派の人たちが差別・排外主義に抗して闘ってくれているのは、頼もしい。しかし、現実の流れとしては、既存右翼の大勢がネトウヨとくっついて、差別排外主義をまき散らしている。

山口　戦前の場合は、玄洋社をみると排外主義じゃないですよね。

小林　孫文（辛亥革命の指導者）や周恩来（中国共産党指導者）も東京・神保町にいて、当時